Sacrower Lanke
Schlosspark Sacrow
Fährstr.
Havel
Volkspark Glienicke
Nikolskoer Weg
Königstr.
Wannsee
Roedenbecksteig
Glienicker Lake
Tiefer See
Park Babelsberg
Griebnitzsee
Karl-Marx-Str.
Schwanenallee
Mövenstr.
Am Böttcherberg
Am Waldrand
Louis-Nathan-Str.
Wannsee
Allee nach Glienicke
Rudolf-Breitscheid-Str.
Weberplatz
Babelsberg
Großbeerenstr.
Nuthestr.
Schlaatzweg
Teltower Vorstadt
Horstweg
Falkenhorst
An der alten Zauche
Schlaatz
Am Nuthetal
Waldstadt I
Waldstadt II
Rehbrücke
Drewitzer Nuthewiesen
Drewitz
Kirchsteigfeld
Am Stern
Parforceheide
Hubertusdamm
Ziolkowskistr.
Galileistr.
Konrad-Wolf-Allee
Priesterweg
Nuthedamm
Heinrich-Mann-Allee
Zum Kahleberg
Am Moosfenn
Caputher Heuweg
Am Buchhorst
Handelshof

POTSDAM GRÜN

GARTENKUNST ZWISCHEN GESTERN UND MORGEN

L&H VERLAG

DANKE

Potsdam Grün

Gartenkunst zwischen gestern und morgen

Michael Seiler

Thies Schröder

Herta Simon

Diethild Kornhardt

Martin Heisig

Bolko Bouché

Jörg Näthe

Gert Streidt

L&H Verlag

»Es wird durchgeblüht!«

Karl Foerster
Gartenpoet, Staudenzüchter, Gartenphilosoph
aus Potsdam-Bornim

Bundes-
gartenschau
Potsdam 2001
Gartenkunst zwischen
gestern und morgen
potsdam
bundes gartenschau
2001
21. April
bis 7. Oktober
Blühende Gärten, moderne Parklandschaften, faszinierende Blumenschauen im Freiland und in der Halle, abwechslungsreiche Kultur- und Unterhaltungsprogramme, schnelle Verkehrsanbindung.
Besuchen Sie die Bundesgartenschau in Potsdam. Wir informieren Sie gern.
BUGA-Service-Center
Tel: 01805/777 550
(DM 0,24/Min.)
service@bugapotsdam2001.de
BUGA Potsdam 2001 GmbH
Jägerallee 21 • 14469 Potsdam
www.bugapotsdam2001.de

Inhalt

Willkommen

Potsdam ist mehr als Sanssouci – ganz Potsdam bezieht seine einmalige Faszination aus dem Gesamtensemble, das durch eine über Jahrhunderte gestaltete Gartenlandschaft geprägt ist.

Auf die Herausforderung, in einer der berühmtesten Kulturlandschaften Europas eine Bundesgartenschau (BUGA) zu veranstalten, konnte deshalb nicht nur ein einziger Ausstellungsort mit einer neu geschaffenen Parkanlage – wie es bei den vorangegangenen Bundesgartenschauen üblich war – präsentiert werden. Stattdessen setzte sich Potsdam das Ziel, wichtige Projekte für die Stadt- und Freiflächenentwicklung mit einem dezentral angelegten BUGA-Programm bis 2001 voranzubringen:

- **BUGA-Park** im **Bornstedter Feld** als Hauptgelände der BUGA 2001
- **Historische Innenstadt** mit Plätzen und Innenhöfen
- **Feldflur** als Naturerlebnis mit Kleingärten. Direkt anschließend: der **Foerster-Garten**
- **Orte am Fluss** als erlebnisreiche Gartenlandschaft zwischen Innenstadt und Babelsberg. Hier mit dem Schwerpunkt **Freundschaftsinsel**

Damit schlägt die BUGA mit vier thematischen Kulissen und vielen Einzelprojekten einen Spannungsbogen von der Innenstadt bis zu der im Nordwesten gelegenen Landschaft. Wenn Sie Potsdam besuchen, werden Sie sich nicht auf diese vier Kulissen beschränken. Der Park Sanssouci, der Neue Garten, der Park Babelsberg sowie die Seenlandschaft in und um Potsdam und Berlin werden Sie faszinieren.

Dieses Buch ist geschrieben von den Menschen, die Potsdam verantwortlich mitgestaltet haben. Sie alle verbindet die Liebe zu dieser Stadt. Auch wir vom L&H Verlag teilen diese Liebe und wünschen Ihnen als Besucher Freude, Genuss und Erkenntnis.

L&H Verlag, 2001

Infos

BUGA-Service-Center
Tel. 0 18 05 /77 75 50 (DM 0,24/Min.)
service@bugapotsdam2001.de
www.bugapotsdam2001.de

Potsdam Tourismus GmbH
Friedrich-Ebert-Str. 5
Postfach 60 12 20
D-14412 Potsdam
Tel. 03 31/ 2 75 58-0
Fax 03 31 / 2 75 58-99
E-Mail: information@potsdam.de
Hotel-Buchung, Hotline: Tel. 03 31/ 2 75 58-55

Für Gruppen
Am Neuen Markt 1
D-14467 Potsdam
Tel. 03 31/ 2 75 58-50
Fax 03 31 / 2 75 58-99
E-Mail: information@potsdam.de

Schloss Sanssouci
1745–1747 erbaut,
Lieblingsschloss Friedrichs des Großen

PROLOG

DIE POTSDAMER GARTENLANDSCHAFT IM WANDEL

Michael Seiler

Rudolph Borchert schrieb über den Neuen Garten: *Er steht als heimlicher Sinngarten den Sinngärten Ostasiens noch näher, als schon der englische Park ihnen gekommen war. Er ist und er bedeutet. Er ist eine Andeutung des uns Versagten. Weil er europäisch, das Geschöpf dramatischer Menschen ist und nicht beschauender, ist er eine leidenschaftliche Andeutung, ein Griff ins Unmögliche, ein Heraufzaubern aus den Tiefen des menschlichen Dennoch. Er erfüllt, ein Enterbter, die Träume zweier großer Jahrhunderte auf den Ruinen des Dritten, als Erbe für das Vierte, Ungeborene.*

Ich habe diese Worte des Schriftstellers und begeisterten Gärtners Rudolph Borchert aus dem Buch *Der leidenschaftliche Gärtner*, geschrieben 1938 in Italien und 1951 postum gedruckt, an den Anfang gestellt, weil sie in der ausdruckstarken Sprache Borcherts angemessen die einzigartige Situation hier in Potsdam beschreiben, die Größe des gärtnerischen Erbes und die Erwartung an das vor uns liegende Gartenjahrhundert, das mit einer Bundesgartenschau an diesem gartenträchtigen Ort beginnt.

Wenn Rudolph Borchert vom vierten als dem noch ungeborenen Jahrhundert spricht, so dürfen und müssen wir heute, nach mehr als 60 Jahren, das ungeborene Jahrhundert durch das anbrechende Jahrhundert ersetzen. Borchert, der an anderer Stelle das Szenario der Potsdamer Garten- und Schlösserwelt als die metamorphe Wiedergeburt der großen europäischen Kulturlandschaften ekstatisch besang, wäre um ein Haar in den Ruinen des dritten, des vergangenen Jahrhunderts umgekommen. Spross einer jüdischen Kaufmannsfamilie aus Königsberg in Ostpreußen, entging er mit seiner Familie 1944 nur durch die humane Regung eines Begleitoffiziers mit Not der Deportation nach Auschwitz. Er fand Zuflucht und Versteck in Trins am Brenner, wo er im Januar 1945 an einem Schlaganfall starb.

Ich habe mich gefragt, wo der Ausgangspunkt für meine Einführung in dem in der Fülle der Gartengedanken so überquellenden Wegweiser durch die BUGA und die Gärten

Potsdams sein könnte. Für mich als Hüter der historischen Gärten hätte es nahe gelegen, auf den schon vielfach zitierten Wunsch des Großen Kurfürsten, das ganze Eiland zu einem Paradies zu machen, oder auf Lennés Vision, *die Havel als einen See mit einem großen Park in einer Ausdehnung von fast zwei deutschen Meilen, von dem Carlsberge bei Baumgartenbrück an, bis zur Pfaueninsel zu umgeben*, als Beginn alles Erreichten und als Basis alles Zukünftigen zu verweisen. Doch ich meine, dass vom Standpunkt des Heute und in Erwartung des Zukünftigen gerade auch die historischen Gärten in einem neuen Licht erscheinen. Sie treten in einen aufregenden Dialog und gewinnen selbst an Sinn und Tiefe, denn sie sind erfrischende Gegenwart, nicht nur Geschichte.
Ein Mehrwert, der sich in Wechselwirkung auch für die neuen Gärten einstellt! Ich bin bewegt und begeistert, dass Potsdam als die Stadt der Gärten in die Zukunft wächst, nach dem Gesetz, das die Potsdamer Parklandschaft entstehen ließ, nämlich für neue Ideen, neue Bedürfnisse, neue Träume mit Geschick neues Gelände für neue Gärten zu suchen und zu finden, ohne die alten Gärten zu zerstören und zu überlagern, sondern sie zu bewahren und zu pflegen. So wuchs über zwei Jahrhunderte um die Stadt Potsdam ein Kranz von sechs großen Gärten, jeder anders in seiner Individualität und Atmosphäre und doch, und das ist das Einmalige der Potsdamer Parklandschaft, durch Sichtbeziehungen und Wege miteinander verbunden, auf die Stadt und den Menschen bezogen und ebenso mit der wald- und seenreichen Umgebung bild- und wegmäßig verknüpft.

Der Große Kurfürst hat im 17. Jahrhundert die Gartenfähigkeit der Potsdamer Landschaft, die sich auf die weiten Havelseen, die Hügel und Wälder gründet, erstmals erkannt. Von seinen das Terrain mit weit verteilten Landmarken besetzenden Gartenschöpfungen hat sich direkt ablesbar nichts erhalten. Sie wurden aber die Basis der darauf folgenden Entwicklung. Mit der Entscheidung Friedrichs des Großen, Potsdam zu seiner Residenz zu machen, und der Anlage des Weinberges westlich der Stadt im Jahre 1744 war endgültig der Grundstein gelegt. Der philosophische König

Schloss und Park Pfaueninsel
Unter Friedrich Wilhelm II. und Friedrich Wilhelm III. angelegt

war auch ein großer Gartenliebhaber, und sein Architekt Wenzeslaus von Knobelsdorff gestaltete die Anfänge von **Sanssouci,** das sich am Ende der Regierung des Königs von Osten nach Westen in einer Länge von zwei Kilometern erstreckte. Sein Neffe und Nachfolger importierte den landschaftlichen Gartenstil aus dem in jeder Hinsicht fortschrittlichen Wörlitzer Gartenreich und suchte für seinen programmatisch so benannten **Neuen Garten** auch einen neuen Ort. 1787 entstand an den Ufern des Heiligen Sees und der Havel sein Neuer Garten mit dem Marmorpalais, dessen Terrasse sich bewusst in die Wasserfläche des Sees vorschiebt. Damit war zugleich der Schritt für die Entdeckung und Veredlung der Potsdamer Wasserlandschaft getan. Vom Neuen Garten griff man 1793 noch weiter in die Flusslandschaft hinaus mit der Gestaltung der naturhaften **Pfaueninsel.** Südlich dieser Insel begann 1796, an der neuen Chaussee nach Berlin gelegen, die Entwicklung des **Landschaftsparks Glienicke**.

50 Jahre lang war dann der 1816 aus Bonn nach Potsdam berufene Peter Joseph Lenné der Motor und Vollender der Potsdamer Parklandschaft, der die Chancen der angebahnten Entwicklung erkannte und zur Vollendung führte. 1826 fügte er in engem Gedankenaustausch mit dem Architekten Karl Friedrich Schinkel und dem Bauherrn, dem Kronprinzen und zukünftigen Friedrich Wilhelm IV., Sanssouci den Park von **Charlottenhof** hinzu. Ein subtil komponiertes Arkadien, entstanden auf einer ebenen, unfruchtbaren Ackerfläche. Seit 1833 schuf Lenné, dem Park von Glienicke gegenüber, für den Prinzen Wilhelm den Park **Babelsberg**. 1841 übernahm Fürst Pückler die künstlerische Gestaltung in Babelsberg und bereicherte so die Potsdamer Parklandschaft durch sein elitäres Künstlertum. 1840 wurde, gleichsam wie ein fehlender Schlussstein, im Norden des Jungfernsees mit Blick zum Neuen Garten, nach Babelsberg, nach Glienicke und zur Pfaueninsel der Park **Sacrow** geschaffen. Nun war die Stadt Potsdam von einem Kranz sechs großer Gärten mit insgesamt 740 ha Fläche umgeben (die Pfaueninsel und Glienicke, obwohl seit 1920 zu Berlin gehörend, waren und sind Teil dieses Kranzes).

CHARLOTTENHOF
Blick aus dem Rosengarten

Außer den großen Gärten waren wesentliche Elemente dieses Gartenreichs die verbindenden grünen Wege und Chausseen, die Uferwege und die Landmarken aus Architektur und Garten, wie der seit 1841 gestaltete **Ruinenberg** mit dem Normannischen Turm und der 1862 vollendete **Pfingstberg** mit seinem Belvedere, beides herausragende Ansichts- und Aussichtspunkte, die nach Kriegs- und Nachkriegszerstörungen jetzt wieder ihre ursprüngliche Funktion zurückerhalten haben, vermehrt durch den Blick auf den neuen Park im Bornstedter Feld. Auch die 1841 durch Lenné begonnene Umgestaltung der landwirtschaftlichen Nutzflächen nördlich und westlich von Sanssouci nach ästhetischen und zugleich ökologischen Prinzipien (nach heutigem Verständnis) war und ist wesentliches Element der Potsdamer Parklandschaft. Für die Rettung dieser in Europa einmaligen **Feldflur** im Rahmen eines Flurbereinigungsverfahrens hat die Bundesgartenschau entscheidende Anstöße gegeben.

Die einzigartige Erlebnisqualität des Potsdamer Gartenreichs besteht in dem Wechselspiel zwischen der Wegeführung und den Sichtbeziehungen, in dem Erleben der Garten- und Landschaftsbilder durch das Gehen auf den kunstvoll geführten Wegen und den daraus folgenden Sinnverknüpfungen. Ein Garten lädt zum Gehen ein, wird aus der Bewegung her wahrgenommen und ist damit die höchst individuelle Erfahrung aus Erinnerung und Erwartung. Jeder aufmerksame Spaziergang in den großen historischen Gärten Potsdams führt buchstäblich vor Augen, welche klassische Reife Lenné und Pückler bei der Inszenierung von Kunst und Natur durch das Zusammenspiel von ausgefeilter Wegeführung und Raumbildung erreicht haben.

Aber auch das dritte Gartenjahrhundert, von dem Borchert spricht, das tragische und doch mit seiner neuen Gartenkultur große, hat hier in Potsdam bleibende Zeichen gesetzt. Der große Stauendenzüchter Karl Foerster etablierte sich 1911 mit seiner Gärtnerei in Potsdam-Bornim. Dort entstand in Verbindung mit seinem Wohnhaus der berühmte Garten, der jetzt restauriert wurde und in neuer Frische

Schloss Babelsberg
Sommerresidenz Kaiser Wilhelm I., erbaut 1834–1849

blühen wird. Rudolph Borchert und Karl Foerster waren notwendigerweise bekannt und befreundet. In den dreißiger Jahren schufen der Gartenarchitekt Hermann Mattern und Karl Foerster im Herzen Potsdams auf einer Schwemmsandinsel zwischen Stadtschloss und Bahnhof eine Parkanlage in Verbindung mit einem Schau- und Sichtungsgarten für Stauden, die Freundschaftsinsel. Nach Kriegszerstörungen entstand sie mit vielen Veränderungen und Ergänzungen neu und wurde zur BUGA als das bedeutendste Element der Kulisse Orte am Fluss nach gartendenkmalpflegerischen Gesichtspunkten wieder hergestellt. Aber dieses dritte Gartenjahrhundert brachte auch unfassbares Leid in zwei Weltkriegen und Vernichtungslagern. Deutlich hat es seine Spuren mit der Zerstörung der Potsdamer Altstadt hinterlassen. Dies alles darf nicht vergessen werden, wenn wir nun »aus den Tiefen des menschlichen Dennoch« in das vierte Gartenjahrhundert treten. Mitten durch das Herz der Parklandschaft zog sich über dreißig Jahre entlang den Ufern der lieblichen Havel ein Band der Zerstörung durch die Gärten – die Grenzanlagen zwischen der DDR und Westberlin. Die UNESCO hat bei der Wiedervereinigung Deutschlands ein Zeichen der Hoffnung gesetzt – und was kann mehr Träger der Hoffnung sein als Gärten? –, indem sie die Schlösser und Gärten von Potsdam und Berlin im Dezember 1990 zum Weltkulturerbe erklärte. Die 37 ha Parkgelände, die durch die Grenzanlagen im **Park Babelsberg**, im **Neuen Garten** und in **Sacrow** zerstört waren, wurden inzwischen mit gärtnerischem Fleiß und nach gartendenkmalpflegerischen Kriterien wieder hergestellt. Bei dieser Gelegenheit sei daran erinnert, dass Gärten von Menschen für Menschen geschaffen und erhalten werden. Es muss einer die teure menschliche Arbeitskraft wegrationalisierenden Gesellschaft gesagt werden, es gibt keine schönen Gärten ohne gute, engagierte Gärtner. Garten und Gärtner bilden eine Symbiose, in der man den menschlichen Geist und die menschliche Hand bei allem nötigen Maschineneinsatz spüren muss. Die Stiftung Preußische Schlösser und Gärten Berlin-Brandenburg beleuchtet deshalb anlässlich der BUGA dieses Thema aus historischer Sicht mit der Ausstellung »Das Potsdamer Gartenreich und seine Gärtner«.

Der neue Park im Bornstedter Feld, aus militärischem Areal hervorgegangen, stellt im Kranz der historischen Gärten um Potsdam die Verbindung zwischen den Terrassen von Sanssouci über den Ruinenberg mit dem Pfingstberg und dem Neuen Garten her und ist gleichzeitig Tor zur Feldflur. Seinem Auftrag entsprechend schafft er soziales Grün, ist für körperliche Betätigung eingerichtet, wie sie die Gartendenkmale des Welterbes nicht bieten können und sollten.

Unerschöpflich werden die Möglichkeiten zu Spaziergängen und Bootsfahrten zwischen den Gartenepochen, zwischen lebendiger Vergangenheit und herausfordernder Zukunft sein. Gartenkunst erblühte seit jeher aus der Spannung zwischen dem Geist des Ortes und der Sehnsucht nach der Welt. Hier in Potsdam sind die Gärten englisch, französisch, italienisch, holländisch, römisch, russisch und – für die BUGA darf man wohl sagen – international geprägt.

Reizvolle Seenlandschaft an der Havel
Blick über die Glienicker Brücke auf Sacrow

Liebe Besucher von weit her, aus Berlin und aus Potsdam, das Angebot ist so vielfältig, dass Ihnen eine Hilfe willkommen sein wird. Mit diesem Buch halten Sie einen Wegweiser durch das grüne Potsdam in der Hand, der in dieser Form erstmalig vorliegt. Er bietet einen wahren Kosmos des Erlebbaren, doch hoffen wir, dass Sie mit der (Entscheidungs-) Freiheit des Gartens, die nicht nur jede Wegekreuzung bereithält, den Weg zu einem individuellen, beglückenden Erleben finden werden. Lassen Sie uns davon ausgehen, dass dieser Wegweiser den Anfang einer Zukunft Potsdams als einer Stadt der Kunst und Kultur begleitet, in der das Grün eine wesentliche Rolle spielen wird. Eine Zukunft, in der die Gärten mehr als bisher die anderen Künste in ihren Bann ziehen und Orte der Begegnung des Menschen mit der Natur, mit dem anderen und mit sich selbst sein werden!

Der neue Park im bornstedter Feld

Gartenerlebnis mit Spiel und Spannung

In aller Kürze

Der **Park im Bornstedter Feld** lädt bewusst zum Gartenerlebnis und zur aktiven Freizeitnutzung ein (Volkspark). Die **Wälle** aus militärischer Nutzung sind eines der Leitmotive. Der Park ist das Hauptgelände der BUGA. Er besteht aus den Teilbereichen: **In den Wällen, Kleiner und Großer Wiesenpark, Remisenpark** und **Waldpark (Schragen).**

Die **Wälle** mit der **Biosphäre Potsdam (Hallenschauen)** sind Zentrum des Neuen Parks am Bornstedter Feld. Drei Materialien (Cortenstahl, Muschelkalk, Sichtbeton) bestimmen neben den Pflanzen als Leitmaterialien den Park.

Der **Wasserspielplatz** begeistert Jung und Alt. Der **Große und Kleine Wiesenpark** bietet Sportmöglichkeiten. **Baumhallen** bilden den Übergang zu den neuen Stadtquartieren (Tipp: Rundweg = **Schlechtwetterweg**). Der **Remisenpark** beherbergt temporäre Schauflächen (u. a. Gehölzbilder, Gartensituationen, Gärten der Dekaden) und **Lehrbaustelle** des Fachverbandes Garten-, Landschafts- und Sportplatzbau Berlin-Brandenburg (weitere Infos dazu auf den folgenden Seiten). Alte Baumbestände im **Waldpark Am Schragen.**

Innerhalb der Gärten der Verbände sehen Sie einen **Themengarten im Wandel** (Lehrbaustelle des Fachverbandes Garten-, Landschafts- und Sportplatzbau): ein inszeniertes Baumateriallager betont den temporären Charakter.

Der neue Park im Bornstedter Feld ist eine zukunftweisende Parkidee mit vielen Angeboten und Erlebnisräumen.

Potsdams historische Gartenlandschaft ist in einem über zweieinhalb Jahrhunderte reichenden Zeitraum entstanden. Die besten Künstler ihrer Zeit schmückten die preußische Residenzstadt mit großartigen Schlössern und Gärten. Dazu gehören die **Parkanlagen Sanssouci**, **Neuer Garten**, **Charlottenhof**, **Babelsberg**, **Sacrow** und **Pfingstberg**. Im 19. Jahrhundert vereinigte der Gartengestalter Peter Josef Lenné dieses Ensemble zu einer von **Schloss Caputh** über **Sanssouci** bis zur **Pfaueninsel** reichenden Gartenlandschaft, die 1990 als Kulturdenkmal in die Liste der UNESCO aufgenommen wurde.

Die historischen Anlagen am **Ruinenberg** und **Pfingstberg** sind mit dem Herzstück der BUGA, dem **BUGA-Park** auf dem **Bornstedter Feld** verbunden. Für die BUGA-Besucher ist damit ein übergreifender Spaziergang vom Neuen Garten über den Pfingstberg, durch das Bundesgartenschaugelände zum Ruinenberg und weiter zum Park Sanssouci möglich.
Belvedere auf dem Pfingstberg war ein Architekturprojekt des preußischen Königs Friedrich Wilhelm IV., der mit diesem Bauwerk eine Höhendominante in der Landschaft schaffen wollte, von der sich gleichzeitig ein weiter Blick in die Landschaft bietet. Das Belvedere wurde nie ganz fertiggestellt und verfiel nach 1945 zur Ruine. Als Förderer für die Restaurierung konnten u.a. der Unternehmer Prof. h.c. Dr. Werner Otto und die Hermann Reemtsma-Stiftung gewonnen werden. Im Zentrum des Areals zwischen Pfingstberg, BUGA-Park und Sanssouci liegt als höchster Punkt der **Ruinenberg**. Der Berg trägt seinen Namen nach den künstlichen Ruinen, die Friedrich der Große errichten ließ.

Der BUGA-Park im Bornstedter Feld

Bauernmarkt
P
Am Pfingstberg
691 — 697
Haupt-
eingang
Parkbühne
BUGA-Park
K
K
Biosphäre Potsdam
Waldpark
(Schragen)
90
K
K
Großer
Wiesenpark
K
Hannes-
Meyer-Str.
92 – 95
Eingang
Parktor
Kiepenheuer-
allee
Kleiner
Wiesenpark
E.-Mendelsohn-Allee
Campus
Fachhochschule
G.-Hermann-Allee
90 - 92 - 95
Charles-
Tellier-Platz
Johan-
Bouman-
Platz
92 95
Kirschallee
Pappelallee
691 697
Am Schragen

Der neue Park im bornstedter Feld

Der Park im Bornstedter Feld ist ein Park des 21. Jahrhunderts – inmitten der Potsdamer Silhouette historischer Parks und Gärten. Dennoch ist dieser Park in seinem Charakter an ein Vorbild aus dem 20. Jahrhundert angelehnt: den **Volkspark.** Parkanlagen dieser Art fehlten bisher in Potsdam weitgehend. Zwar ist die in landschaftlich reizvoller, wasserreicher Umgebung gelegene Stadt von Grünanlagen durchzogen wie kaum eine andere. Doch Sport und Spiel, Toben und Lagern auf weiten Wiesen ist in den historischen Parks wie Sanssouci oder Babelsberg nicht erlaubt. Auch Rad fahren oder Skaten ist in den repräsentativen Grünanlagen nicht gestattet. Schließlich wurde Potsdam gerade auf Grund seines historischen Grüns von der UNESCO zum Weltkulturerbe erklärt – da erscheint eine gehörige Zurückhaltung der Parkbesucher durchaus angebracht.

Auf Dauer jedoch ist allein das Spazierengehen den Potsdamern und ihren Gästen zu eintönig: trotz all der abwechslungsreichen Blickachsen und Sichtfächer in der Potsdamer Kulturlandschaft. Die in vielen anderen Städten vollzogene Umwandlung repräsentativer, historischer Parkanlagen in nutzbare, vielfältige Volksparks unterblieb in Potsdam angesichts der gartenkünstlerischen Bedeutung der Parks aus der Zeit als preußische Residenz- und Garnisonsstadt. Für Neuanlagen fehlten im 20. Jahrhundert dagegen die Flächen. Große Areale rund um Potsdam waren über Jahrhunderte vom Militär belegt.

Auf dem Bornstedter Feld ist nun ein neuer Park entstanden, der all die aktiven Freizeitnutzungen nicht nur zulässt, sondern bewusst zum **Joggen, Skaten** oder **Fahrrad fahren** einlädt. Befestigte Wege wie unbefestigte Trampelpfade, teils sogar mit Positionsleuchten markiert, durchziehen den Park. Einiges erinnert an einen großen Spielplatz für Erwachsene wie für Kinder und Jugendliche. Ein Wasserspielplatz, Kletterelemente, ein Sandplatz für Beachvolleyball sowie Rasen für Fußball und Sonnenbaden prägen den Park im Bornstedter Feld.

Das Bornstedter Feld war ursprünglich preußischer Exerzierplatz, der nach dem Zweiten Weltkrieg von den sowjetischen Alliierten genutzt wurde. Aus dem Gedächtnis der Stadt war dieser verbotene Ort für lange Zeit verschwunden.

Nur aus den fünfziger Jahren gibt es noch einige Erinnerungen an Kontakte mit den Sowjetsoldaten. Ältere Potsdamer Bürger können von ein wenig Austausch und Handel – selbstverständlich illegal – berichten. So wurde wohl mal ein Schwein gegen Dieselkraftstoff getauscht, doch bald war die Abschottung des Areals annähernd total.

Erst nachdem die Militärs bis 1994, also nach der Vereinigung der beiden deutschen Teilstaaten, abgezogen waren, eröffnete sich die Chance, das Bornstedter Feld, das nach Norden direkt an die Potsdamer Innenstadt anschließt, zum Teil der Stadt zu machen. Und es bot sich die Chance für den neuen Volkspark in Potsdam.

Dass dieser die besten Elemente der traditionellen Volksparkidee aufweisen sollte, ohne einen Volkspark in seiner Form zu kopieren, war allen Planern schnell klar. Zugleich war offensichtlich, dass sich der neue Park zur historischen Kulturlandschaft verhalten, sich in diese einfügen muss. Schließlich liegt das Bornstedter Feld unmittelbar am Fuße des Ruinenbergs, gleich dahinter Sanssouci. Im Osten flankiert der Pfingstberg mit dem wohl schönsten Sichtfächer in die Potsdamer Kulturlandschaft den Park. Der Blick auf die Seen, den Glienicker Park, die Pfaueninsel, den Park Babelsberg und nun auch auf den neuen Park im Bornstedter Feld sowie auf den neuen Potsdamer Stadtteil, in dessen Mittelachse der Park liegt, ist einmalig.

Heute sind die **Wälle** aus der militärischen Nutzung eines der Leitmotive des neuen Parks und in gewisser Hinsicht eine Fortsetzung beider Geschichtsstränge – der Garnisonsstadt wie der Gartenkunst in Potsdam. Erhalt und landschaftsarchitektonische Entwicklung der Wälle gehen zurück auf einen Entwurf des Büros Latz + Partner,

Ampertshausen bei München. Den Entwurf hatte man 1997 in einem internationalen Wettbewerb für den Park im Bornstedter Feld ausgewählt. Nachdem in Potsdam der Beschluss gefasst worden war, das Bornstedter Feld als Fläche für die Stadtentwicklung zu nutzen, entstand der Gedanke, die neuen Quartiere um einen zentralen Park herum zu gruppieren. Dieser Park, so die Idee von Beginn an, lädt ein zu Sport und Spiel.

Der geplante Park wurde wenig später zum Mittelpunkt der erfolgreichen Bewerbung der Stadt Potsdam um die Durchführung der Bundesgartenschau 2001. Das große landschaftsplanerisch-städtebauliche Konversionsvorhaben Potsdams gewann an Konturen.

Der Entwurf für den Park im Bornstedter Feld setzt neue Akzente. Er greift die Idee eines Volksparks auf und entwickelt sie weiter. So wird auf Spuren der militärischen Geschichte Rücksicht genommen: Die vorhandenen Wälle aus der Zeit des Militärs werden zu bestimmenden Elementen des neuen Parks.

Auf dieser Grundlage wurden die Teilbereiche des Parks später von verschiedenen Landschaftsarchitekturbüros geplant und umgesetzt. Für den **Waldpark (Schragen)** trägt das niederländische Büro B + B die Verantwortung, die **Wälle** entwarf das Büro Sommerlad, Haase, Kuhli aus Gießen. Den **Wasserspielplatz** hat Andrea Schirmer, Berlin, entworfen. Die AG Freiraum Dittus und Böhringer, Freiburg, entwickelte mit Pit Müller den **Remisenpark**, das Büro Latz + Partner setzte den **Kleinen und den Großen Wiesenpark** mit seinen charakteris-tischen Baumhallen um. Eine Vielzahl weiterer Büros und ausführender Fachbetriebe ist für die Gestaltung der temporären Pflanzungen verantwortlich.

Der neue Stadtteil Bornstedter Feld

In Zukunft verbindet der etwa sechzig Hektar große Park neue Wohnquartiere, Gewerbe- und Dienstleistungsstandorte,

Buga-Park
Lavendel am Wallhang

wissenschaftliche Einrichtungen und eine Fachhochschule in Neubauten und sanierten Kasernen im neuen Stadtteil Bornstedter Feld, der insgesamt dreihundert Hektar großen Potsdamer Konversionsfläche. Und der Park bildet ein Scharnier, ein bisher fehlendes Verbindungsstück zwischen den historischen Gärten. Er leitet von Sanssouci und Ruinenberg mit den römisch anmutenden Ruinen und der gerade wieder hergestellten Parkanlage über in die Lennésche Feldflur, zur russischen Kolonie Alexandrowka und zum Pfingstberg, der von weitem durch das markante, immer Torso gebliebene Belvedere sichtbar ist.

Vor dem Belvedere liegt der 1862 durch Lenné in eine Parkanlage eingebettete Pomo-natempel. Dieser im Jahr 1800 errichtete Aussichtspunkt ist das früheste Bauzeugnis des Baumeisters Karl Friedrich Schinkel.

Wer vom Park aus einen Abstecher zum Pfingstberg macht, sollte auch einen Besuch der russisch-orthodoxen **Alexander-Newski-Kapelle** auf dem benachbarten Kapellenberg nicht versäumen. Die Kapelle wurde 1826 bis 1829 nach Plänen von Karl Friedrich Schinkel erbaut. Sie dient seit 1986 wieder der russisch-orthodoxen Gemeinde.

Ursprünglich war die Kapelle als Kirche für die aus Holzhäusern bestehende Kolonie Alexandrowka, benannt nach dem russischen Zaren Alexander I., mit ihrem charakteristischen Stadtgrundriss in Form eines Andreaskreuzes gebaut worden. Die reich verzierten Holzhäuser in der Siedlung waren zu Beginn des 19. Jahrhunderts unter Friedrich Wilhelm III. für russische Sänger errichtet worden. So sollten damals die guten persönlichen und militärischen Beziehungen Preußens zu Russland im Bund gegen Napoleon Bonaparte unterstrichen werden. Die Kolonie Alexandrowka ist heute ebenfalls Teil des UNESCO-Weltkulturerbes und ein lohnenswerter Abstecher nahe des Parks.

Wer etwas mehr Zeit mitbringt, kann die **neue Verbindung** von Schloss und Park Sanssouci über den Ruinenberg zum Pfingstberg und von dort in den Neuen Garten auch selbst erwandern. Und hat so wesentliche Teile des Potsdamer Gartenreiches erlebt. Auch ein Abstecher in die westlich des Bornstedter Feldes gelegene **Feldflur** mit ihren typischen Remisen und Heckenpflanzungen aus der Zeit Lennés ist eine gute Möglichkeit für einen ausgedehnten Spaziergang. Die bis heute erhaltenen Remisen sind von Lenné angelegte Baumpflanzungen, die als Unterstand für das Vieh dienten. Die landwirtschaftliche Nutzung und den ästhetischen Ausdruck der Landschaft wollte Lenné mit seinem *Verschönerungsplan für Potsdam und Umgebung*, auf den auch die Gestaltung der Feldflur zurückgeht, zugleich optimieren.

Parkzentrum: Wälle, Biosphäre und Sonderschauen

Zur Bundesgartenschau 2001 in Potsdam betreten Sie den neuen Park im Bornstedter Feld vermutlich am großen Haupteingang gegenüber von Pfingst- und Kapellenberg. Entlang der Esplanade führt der Weg direkt ins **Zentrum des Parks** – eine Landschaft aus bis zu sieben Meter hohen Wällen. Die Wälle sind in der Vielfal ihrer Gestaltungen und Nutzungen überzeugender Bestandteil des Parkkonzeptes, zugleich aber rätselhaft in Bezug auf die Sinnhaftigkeit ihrer Geometrie und Ausrichtung. Ein Gartenkunstwerk, das ähnlich

BUGA-PARK
Simulation der Biosphäre Potsdam
Mehr darüber ab Seite 54

wie ehemals die Ruine als Motiv der Gartenkunst funktioniert – als Verweis in die Vergangenheit. Diese Vergangenheit wird mit den Wällen allerdings nicht idealisiert, sondern in der Funktion neu gewidmet. Die Wälle sind mehr als ein ästhetisches Zeichen. Sie werden auch zum funktionellen Rückgrat des Parks.

Auf den zweiten Blick fordert das Gebäude der **Biosphäre Potsdam** Aufmerksamkeit. Zur Bundesgartenschau finden in dieser einzigartigen Architektur die Blumen- und Pflanzen-Hallenschauen statt. Im wöchentlichen oder vierzehntägigen Wechsel wird hier das gesamte Spektrum gärtnerischer Produktion präsentiert. Neben Exoten wie Orchideen und Kakteen werden Topf-, Beet- und Balkonpflanzen, aber auch Stauden und Baumschulware ausgestellt. Dabei wird besonderer Wert auf die Vorstellung von Neuheiten und Raritäten gelegt. Die gesamte Hallenschau lebt jedoch von der kunstvollen floristischen Gestaltung des jeweiligen Themas. Die Besucher erwartet das Park- und Gartenerlebnis ebenso wie die Leistungsschau der Gärtnereibetriebe.

Nach der BUGA wird in der Biosphäre Potsdam eine ständige Erlebnisausstellung zum Thema Tropischer Regenwald gezeigt. Dieses Edutainment-Angebot wird die touristischen Attraktionen Potsdams ebenso erweitern wie lehrreich über die bedrohte Keimzelle allen Lebens auf der Erde informieren. Geplant ist eine Naturerlebniswelt, die uns in die äußerst vielfältige und artenreiche Landschaft eines tropischen Küstenwaldes mit seiner einmaligen Pflanzen- und Tierwelt versetzt. Bildung und Unterhaltung also unter einem Dach, und zwar unter einem ganz besonderen (ab September 2002).

Die Besonderheit der Architektur der Halle, die von den Architekten Regine Leibinger und Frank Barkow, Berlin, in Zusammenarbeit mit dem Landschaftsarchitekturbüro Kiefer entworfen wurde, liegt in ihrer Landschaftlichkeit. Das Gebäude ist inspiriert durch die umliegende Wall-Landschaft, zum Teil selbst in große Erdwälle eingegraben und setzt auf spezifische Art ihr Umfeld fort. Der große, nach Südwesten

BUGA-PARK
Staudentableaus aus Muschelkalk

Buga-Park
In den Wällen

ausgerichtete Platz vor der Halle wird im Gebäude wieder aufgegriffen. Innerhalb der Architektur, aber auch mit der Architektur wird Landschaft inszeniert – ein führendes Beispiel für eine Architekturentwicklung, die seit einigen Jahren erkennbar ist. Die Grenze zwischen umbautem und umgebendem Raum ist aufgehoben, Innen und Außen verlieren als Kategorien der Unterscheidung an Bedeutung. Stattdessen eine Architektur des Übergangs, der Transformation. Momente der Landschaftsentwicklung werden im Bauwerk nicht nachgebildet, sondern auf Dauer festgehalten, quasi eingefroren. Diese neue Art der landschaftlichen Architektur setzt sich von fest umrissenen Gebäuden, die im Kontrast zu ihrer Umgebung stehen, diese oftmals negieren, ab und fängt die Dimensionen der Bewegung und Entwicklung ein. Trotz oder gerade wegen ihrer neuen Landschaftlichkeit ist diese Architektur aber nicht mit einem landschaftstypischen, modernismuskritischen oder romantischen Heimatstil zu verwechseln, sondern im Gegenteil gerade eine Neuinterpretation und Fortsetzung der Architekturmoderne.

Im Park im Bornstedter Feld ist das Gebäude der Biosphäre ein gestalterischer Höhepunkt. *Je mehr die Gestalt der Landschaft von der Urform abweicht und der Kultur angehört, desto inniger müssen die Beziehungen der kunstgerechten Formen zu den Wohnstellen und desto kräftiger diese, als Zentralpunkte des Ganzen, herausgehoben werden.*
Das Zitat des großen Landschaftsarchitekten Peter Joseph Lenné (1789 – 1866), auf dessen Pläne die Potsdamer Kulturlandschaft wesentlich zurückgeht, stammt aus dem Jahr 1825. Mit der Biosphäre Potsdam ist nun ein *Zentralpunkt des Ganzen* in der Gegenwart entstanden, herausgehoben gerade auf Grund der räumlichen Beziehung wie der formgebenden Nähe zu den parkbestimmenden Wällen.

Vor allem das Spiel mit den Blicken hat man im Park im Bornstedter Feld inszeniert, indem man die Wälle erhielt und einige Wege auf sie legte. Der Wechsel der Betrachtungsstandpunkte ist heute ein faszinierendes Spiel beim Gang durch den Park. Damit sind die Wälle mehr als eine wichtige Spur aus der militärischen Geschichte des Geländes. Sie sind faszinierender Anblick und Ausblick zugleich.

Die Wälle wurden zu ihrer Stabilisierung nachverdichtet und teils nach Abtragung neu aufgeschüttet. Sie sind über Brücken und Stege verbunden und bieten vielfältige Blicke auf die nähere und weitere Umgebung. Gerade auf der ansonsten wenig bewegten Fläche bieten die Wälle eine spannungsreiche Höhenentwicklung. Trogbrücken aus Cortenstahl (Entwurf: Dietrich, Fritzen und Löf, Köln) führen durch die Wälle hindurch und lassen die Besucher in den Wallkronen selbst laufen, in die Brückenelemente eingelassen wurden. Weitere Brücken überspannen und verbinden die Wälle untereinander.

Cortenstahl, Muschelkalk und Sichtbeton

Drei Materialien bestimmen den Park; und genau diese Beschränkung auf wenige Leitmaterialien – trotz einer großen Vielzahl der an Entwurf und Ausführungsplanung beteiligten Landschaftsarchitekten – sichert die Qualität des Parks. Da ist zum einen der **Cortenstahl** der Brücken, der in schönem Kontrast zum Grün der Rasenflächen steht und zugleich mit der Herbstfärbung des Wilden Weins harmoniert, mit dem die meisten Wälle an ihren Außenseiten bepflanzt sind. Das zweite Material, das im Park immer wieder Verwendung findet, ist schön gemusterter **Muschelkalk,** der in fränkischen und thüringischen Steinbrüchen gehauen wurde. Die Wallfüße sind mit Mauern aus gesägtem Muschelkalk mit glatter Oberfläche gefasst. Aus rau behauenen Muschelkalkwürfeln wurden die Staudenpyramiden aufgemauert. Diese sind in vielfacher Wiederholung nördlich der Wälle angelegt. Ihre schrägen, zueinander ausgerichteten Oberflächen präsentieren die Pflanzen auf besondere Weise. Denn auf den hüfthohen Tableaus werden die Stauden den Betrachtern, ihren Augen und Nasen, entgegengereicht. Die meisten der Staudenpyramiden sind mit extra komponierten grau- und silberlaubigen Stauden bepflanzt, die farblich hervorragend zum Muschelkalk passen. Einzelne Pyramiden belegte der Staudengärtner auch mit Rasen – Orte zum Hinsehen und zum Betrachten der umgebenden Pflanzenvielfalt.

Einen sehr schönen farblichen Aspekt, und zwar des Laubes wie vor allem der Blüte, bietet der Wallhang am westlichen Abschluss des Parks, den die Landschaftsarchitekten mit Lavendel bepflanzten. Entstanden ist ein Ort, der Augen und Nasen auf ganz besondere Weise auf sich zieht. Schon im Jahr vor der Eröffnung des Parks im Bornstedter Feld war der in Reihen bepflanzte Lavendel-Wall zur Blütezeit eines der beliebtesten Fotomotive im Park.

Das dritte Material im Park wird für einzelne Sitzelemente und die Wegebeläge verwendet. In seiner Wirkung ist der sorgfältig ausgeführte **Sichtbeton** trotz besonderer

Helligkeit eher zurückhaltend. Ungleichförmige Fertigbetonelemente wurden in einem speziell für den Park im Bornstedter Feld erdachten Muster zu Wegen auf den Wällen und Wallhängen verlegt.

Als Mittelpunkt der Wälle wird das Wallkreuz von der längsten der Stahlbrücken überspannt. Hier wurde ein Ort der Begegnung geschaffen, der durch ein variables Wasserspiel besonders betont wird. Wer möchte, kann sich hier an heißen Sommertagen eine kurze Abkühlung holen. Ein Irisgraben durchzieht das Wallkreuz und bietet einen weiteren Blühaspekt. In diesem Graben wird das Regenwasser gesammelt, das nicht in den benachbarten Quartieren direkt vor Ort in Mulden und Rigolen versickert. Ein ökologisch sinnvolles Prinzip, das den Regenwasserkreislauf von dem an die Kanalisation gebundenen Brauchwasserkreislauf trennt.

Die von den Wällen definierten, rechteckigen Wallinnenräume im Zentrum des Parks sind für große Veranstaltungen sowie für Sport und Spiel vorgesehen. Da ist zum einen das größte der Wallareale mit 160 Meter mal 80 Meter Ausmaßen. In diesem **zentralen Wallkarree** lädt eine große Sportrasenfläche zum Spiel und zu Veranstaltungen ein. Ein überdachter Bereich am Kopf dieser Fläche ist langfristig ein Sportfeld, das auch bei Regenwetter gut nutzbar ist. Doch auch als **Parkbühne** wird dieser Bereich genutzt. Gegenüber im Süden, jenseits der Rasenfläche, aber noch im selben Wallkarree, liegt die **Funwall,** ein Angebot für Skater mit allen Schwierigkeitsstufen.

Erlebniszentrum Wasserspielplatz

Ältere wie jüngere Kinder lockt der weiter südlich gelegene Spielplatz an: Ein großzügiger **Wasserspielplatz** mit Piratenschiff ist dort die Attraktion vor allem in heißen Sommern. An ältere wie an kleine Kinder ist gedacht. Übergroße Fischköpfe aus Edelstahl speien, spucken, schwallen und spritzen beständig Wasser aus dem Wall heraus. Daneben lädt ein in den Wallkörper integriertes **Café** die begleitenden Eltern zum Ausruhen ein.

Vom Wasserspielplatz aus, der zugleich Spielplatz für das benachbarte Wohnquartier ist, setzt sich einer der Wälle langsam abfallend nach Westen hin fort. Diese so genannte *Visur* leitet über in die einst von Lenné angelegte **Feldflur.** Die Felder, Wege und Pflanzungen wurden nach Maßgabe der Gartendenkmalpflege teils rekonstruiert, teils wieder gepflegt. Sie laden zu längeren Spaziergängen und -fahrten rund um Potsdam ein. (Siehe auch Kapitel FELDFLUR).

GROSSER UND KLEINER WIESENPARK MIT BAUMHALLEN

Südlich der Visur, die auch die Gartenstadt Süd und die Gartenstadt Nord gliedert, schließt sich im Bereich des Parks die große Wiese an. Die multifunktionalen Wiesenflächen sind hier beispielhaft umgesetzt worden. Auf diesen Wiesen im **Großen** und im **Kleinen Wiesenpark** können Sie sich ausruhen, aber auch Fußball spielen oder Frisbee werfen, da die Wiesen teils nur zwei Mal jährlich, im Zentrum des südlichen Parkabschnitts aber so häufig gemäht werden, dass alle sportlichen Aktivitäten gut möglich sind.

In den **Baumhallen** wurden neben Kiefer und Eiche als den typischen Bäumen der Mark Brandenburg bewusst eine Vielzahl an Baumarten gepflanzt, wobei eine Baumhalle jeweils von einer Baumart dominiert wird. Der Effekt des Arboretums, der durch diese Vielfalt der Baumarten entsteht, ist gewünscht, denn der Besucher soll in diesem Volkspark der Gegenwart auch einiges über die Artenvielfalt und die verschiedenen Wuchsformen der Bäume lernen. Der häufige Wechsel zwischen Nadel- und Laubbäumen sichert dem Park auch im Winter ein attraktives Erscheinungsbild.

Gefasst sind die Wiesenflächen im Osten und Westen, also jeweils im Übergang zu den neuen Stadtquartieren, durch bis zu fünfzig Meter breite **Baumhallen.** Es ist bei der Anlage eines neuen Parks vermessen, schon im Jahr der Fertigstellung ein fertiges Bild zu erwarten. Parks leben von ihrer Veränderung, da ihre wichtigsten Elemente, die Pflanzen, nun einmal wachsen und sich entwickeln. Gerade die annähernd zweihundert Jahre alten Anlagen aus der Feder Lennés zeigen heute besonders auf Grund des Baumbestandes den Reifegrad eines Parks, der diese Anlagen so unvergleichlich macht. Doch die neu gepflanzten Baumhallen, die zu den umgebenden Quartieren überleiten, bieten schon heute ein ansehnliches Bild und einen beeindruckenden räumlichen Rahmen des Parks im Bornstedter Feld.

Unter den Baumhallen verläuft ein sandfarbener, drei Meter breiter Asphaltweg rund um den Park. Der Asphalt in seiner speziellen Anmischung, mit der lange experimentiert wurde, harmoniert farblich mit den umliegenden Flächen, auf denen wassergebundene Wegedecken angelegt wurden.

Das Motiv der außenliegenden **Baumhallen** und der als vier Kilometer langer **Rundweg** konzipierte **Schlechtwetterweg** halten den Park nicht nur optisch, sondern auch funktional zusammen. Der Weg bündelt die Besucherströme. Auf ihm können sowohl einzelne Besucher flanieren, ohne sich auf einer überdimensionierten Trasse einsam zu fühlen, wie auch große Besuchergruppen aufgenommen werden, wenn sie sich auf die Wegeflächen mit der wassergebundenen Decke verteilen. Nach der Gartenschausaison ist der asphaltierte Weg auf Grund seines glatten Belages auch als **Radweg** oder sehr gut als **Skatebahn** geeignet.

Allerdings werden die Besucher gerade nicht streng auf diesem Weg gehalten, sondern sie können sich von diesem Rundweg aus den Park kreuz und quer individuell erschließen. Die wassergebundene Wegedecke begleitet den Asphaltweg auf beiden Seiten. So entstehen weite Flächen unter Bäumen, die im Sinne der Idee des modernen Volksparks vielfältig nutzbar sind.

Baumhallen
Sie leiten zu den benachbarten Quartieren über

Orientierung im Großen und im Kleinen Wiesenpark gibt die einfache Struktur aus Baumhallen, Wiesenflächen, Baumhallen. Die westlich und östlich gelegenen Korridore mit ihren Baumhallen sind zudem in sich untergliedert, indem immer wieder Baumpakete gepflanzt wurden, die in ihrer Mitte aus großen Bäumen bestehen und an ihren Rändern durch niedrigere Bäume abgestuft werden. Die freien Flächen zwischen diesen Hallen dienen den Durchblicken im Park, auf die Wiesen und auf den **Pfingstberg** wie den **Ruinenberg** als Blickfänger in der umgebenden historischen Potsdamer Kulturlandschaft.

Ein besonderes Element im Park sind die Wasserspiralen, die später Regenwasser aus den in der Umgebung wachsenden Quartieren aufnehmen werden. Ein Ausweis des ökologischen Parkkonzeptes und ein Zeichen nachhaltigen Städtebaus im neuen Stadtviertel.

Im äußersten Südwesten des Parks treffen Sie auf den sog. **Parkfinger,** der die Anbindung des Parks über das Wohnquartier Gartenstadt-Süd hinweg an die Kirschallee und an einen Sportplatz sichert. Die verbindende Fläche besteht aus schwach geneigten, rasenbewachsenen Mulden, die ebenfalls Wasser aus den umliegenden Stadtquartieren aufnehmen. Zwischen diesen Mulden bilden Plätze die Übergänge der Erschließungsstraßen und -wege in den Quartieren, die den Parkfinger queren.

Als südlicher Abschluss setzt das von Ariane Röntz, Berlin, geplante **Parkfenster** nochmals einen eigenwilligen gestalterischen Akzent. Eine Platzfläche bündelt dort die Wege und markiert an einer Straßenbahnhaltestelle zugleich den südwestlichen Parkeingang. Dieser Eingangsbereich wurde als plattenbelegter Platz ausgeführt, in den weitere Materialien wie eine Intarsie integriert sind. Der Platz zieht sich optisch über die querende Straßenbahntrasse hinüber, überspielt sie und mildert so ihre trennende Wirkung. So werden der Große Wiesenpark und der Kleine Wiesenpark direkt an der Pappelallee über die Straßenbahntrasse hinweg verbunden. Umrahmt wird der Platz von betongefassten, mit Bäumen in wechselnder Dichte bepflanzten Erdrampen. Durchstiche durch diese vom Platz wegführenden und leicht ansteigenden Rampen lassen Blicke in den Park zu.

Remisenpark mit Gartensituationen

Durchquert man den Park von Süd nach Nord, kommt man im Norden jenseits der Wall-Areale an den gegenüberliegenden Abschluss des Parks: zum Remisenpark. Östlich des Remisenparks liegen einige der temporären Schauflächen der Bundesgartenschau, auf denen unter anderem die Gehölzbilder gezeigt werden. Auch eine Lehrbaustelle des Fachverbandes für Garten-, Landschafts- und Sportplatzbau informiert die Besucher über das Können und die Anforderungen dieses Berufes. (Weitere Informationen: Gärten der Verbände/ Lehrbaustelle als Themengarten im Wandel.)

Ein streng mit Platanen bepflanzter Platz leitet über in ein benachbartes Wohnquartier. Im Remisenpark selbst werden die wesentlichen Bestandteile des Parkentwurfs, also

Jahrzehnte und ihre Moden
Garten der 50er-Jahre

Wiesenräume und Baumpflanzungen, wieder aufgenommen. Die besondere Baumremise aus zweihundert Jahre alten Eichen ist durch ein Holzdeck optisch hervorgehoben.

An dieses Wäldchen grenzt der **Landschaftsfilter** – eine bunte Blumenwiese, die in strengen Linien mit alten Obstsorten aus der Region bepflanzt wurde. Sie leitet über in die benachbarte Kulturlandschaft der Feldflur.

Aufmerksamkeit verdienen auch die zur Bundesgartenschau von Burger + Tischer, München, konzipierten Gartensituationen, die verschiedenen Themen gewidmet sind. Besonders die von IPL Isterling und Partner, Hamburg, gestalteten **Gärten der Dekaden**, die Gartenmoden der fünfziger, sechziger, siebziger, achtziger und neunziger Jahre zeigen, sind wie ein Ausflug in die Kindheit. Natursteinplatten, später Waschbeton, denen der Gartenteich und zuletzt asiatische Einflüsse folgen – die Jahrzehnte und ihre Moden sind gut getroffen.

Süße Saubermacher und Hanf im Auto finden Sie auf den **Schauflächen für nachwachsende Rohstoffe**, neben den Gartensituationen. Hier sind rund 60 verschiedene Arten und Sorten aus dem Bereich der rohstoffliefernden Pflanzen zu finden. Wie diese teilweise schon vor 1.000 Jahren genutzten Pflanzen heute aussehen und was die moderne Pflanzenzüchtung erreicht hat, davon kann man sich auf den Schauflächen überzeugen. Die Pflanzen werden sieben Rohstoffgruppen zugeordnet und ordnen sich um eine zentrale Platzfläche an. Zahlreiche Schautafeln informieren darüber, was sich außer Biodiesel, Naturfasern oder Wasch- und Reinigungsmitteln aus den verschiedenen nachwachsenden Rohstoffen herstellen lässt.

Der Bereich **Gartenbau in Brandenburg** zeigt die ganze Palette gärtnerischer Erzeugnisse, die das Land zu bieten hat. Das ist viel mehr als der Spargel aus Beelitz oder die Kirschen aus Werder. Auch Wein wird auf der BUGA angebaut und besondere Formen von Spalierobst, wie man es im Werderschen Gebiet pflegt.

Ein Naturerlebnispfad der leisen Töne

Neu errichtet wurde im Remisenpark ein **Naturerlebnispfad der leisen Töne**. Im Norden des BUGA-Parks im Bornstedter Feld befindet sich auf einer Länge von rund zwei Kilometern der Lehrpfad inmitten des Alteichenbestandes. An zwölf Stationen können die Besucher hier die Natur spielerisch entdecken und die Geschichte des Parks mit allen Sinnen erfahren.

Das Büro AG Freiraum aus Freiburg plante den Pfad mit dem Ziel, die bewusste Wahrnehmung der Natur zu fördern. Unterstützt wird das BUGA-Projekt Naturerlebnispfad vom Ministerium für Landwirtschaft, Umwelt und Raumordnung des Landes Brandenburg und von der Stadt Potsdam.

Die **zwölf Stationen** geben eine Auswahl an Themen vor, die dem Besucher des Remisenparks seine Geschichte, Tier- und Pflanzenwelt sowie die Landschaft näher bringen. Dazu zählt unter anderem die Station **Klang des Holzes**. Der Gehörsinn wird bei dieser Station intensiv berührt. Mit einem Holzklöppel können die Hölzer des Remisenparks (Eiche, Robinie, Linde und Hainbuche) zum Klingen und Schwingen gebracht werden. In Abhängigkeit von ihrem Aufbau und ihrer Dichte klingen die Hölzer unterschiedlich und lassen verschiedene Melodien entstehen.

Der **Barfußpfad** schärft die bewusste Wahrnehmung der Natur. Mit verbundenen Augen werden die Teilnehmer ohne Schuhe über verschiedene Oberflächen und Beläge geführt und werden so mit den Füßen »sehen«. Dabei sollen natürliche Materialien erfühlt werden – wie Moos, Rinden, Hölzer, Sand, Pflastersteine und Kies.

Durch **vier Guckröhren** können die Besucher der gleichnamigen Station die Natur aus einer anderen Perspektive betrachten. Der Mensch wird an dieser Station zum Beobachter. Eine Röhre hat einen innenliegenden Spiegel, der den Blick um 90 Grad ablenkt und Unerwartetes entdecken lässt. Die Guckröhren fokussieren den Blick auf Kleinigkeiten – das Spechtloch, die zarte Pflanze, kleine Pilze – an denen man sonst achtlos vorübergeht.

An jeder der zwölf Stationen des Lehrpfades steht eine Tafel, auf der wesentliche Informationen und Anregungen mitgeteilt werden. Die Konzeption wird durch eine Begleitbroschüre für Lehrer mit integrierten Arbeitsblättern für die Schüler erläutert. Neben Erklärungen zu den Stationen in Bild- und Textform werden Spielanleitungen, Rätsel- und Quizthemen sowie Ideen für weitere Gruppenaktivitäten gegeben. Die Begleitbroschüre wird in den Schulen der Stadt Potsdam und des Landkreises Potsdam-Mittelmark nach der Beendigung der Bundesgartenschau zur Verfügung gestellt.

Während der Bundesgartenschau ist der Naturerlebnispfad in das Veranstaltungskonzept integriert und ist ein wichtiges Element des BUGA-Schulprogramms **Grünes**

Klassenzimmer. Als Bestandteil der Daueranlage bleibt der Pfad auch nach der Bundesgartenschau im Volkspark Bornstedter Feld erhalten.

Der Waldpark (Schragen) – ökologisch sensibel

Einen besonderen Rückzugsraum und zugleich den östlichen Abschluss des Parks im Bornstedter Feld bildet der Waldpark. Hier können Sie Ihren Rundgang durch den Park im Bornstedter Feld in aller Ruhe beenden. Ein niederländisches Büro entwarf für die Fläche, die in Potsdam als **Großer Schragen** bekannt ist, einen ökologisch sensiblen Parkbereich. Die intensive **Ruderalvegetation** mit vielen Jungeichen, die seit dem Ende der militärischen Nutzung gewachsen sind, wurden ebenso beibehalten wie der alte Eichen- und Pappelbestand. Den Waldpark können Sie als Ruheraum des Parks im Bornstedter Feld aufsuchen. Oder Sie sind neugierig auf interessante Sportangebote von **Kletterwänden** bis zu **Beachvolleyball.**

Die Gestaltung des Waldparks lässt die natürliche Ruderalvegetation auf bewusst gesetzte künstliche Elemente treffen. So überraschen pilzförmige **Sitzsteine** aus Beton, die frei im Waldpark verteilt sind. Auf den ersten Blick seltsam anmutende, meterhohe Betonelemente laden zum Spiel ein. Rutschen oder zu erkletternde Außenwände der orangerot eingefärbten **Beton-Terminals** inmitten des Wildwuchses grenzen Räume ab, die mit Sand gefüllt sind: Hier sind Sie zu einem Beachvolleyballturnier eingeladen. Jogger und Spaziergänger können den Waldpark auf ganz besonderen, mit Glasbruch bestreuten und grünbunt schimmernden Trampelpfaden durchstreifen, die kreuz und quer verlaufen. Nachts sind die Wege durch kleine Solarleuchten markiert.

Von besonderem Reiz sind die alten Baumbestände, vor allem die mit vielen Misteln besetzten Eichen und Pappeln. Da man das Abbrechen großer Äste befürchtet und die reizvollen Baumruinen eigentlich hätte fällen müssen, um

BUGA-PARK
Nachwachsende Rohstoffe

der Verkehrssicherungspflicht Genüge zu tun, ließen die Landschaftsarchitekten große Ringe aus Totholz um die Bäume herum aufschichten. Diese Ringe grenzen unzugängliche Räume natürlicher Sukzession ab. Und wenn dort ein Ast hineinbricht, ist kein Besucher gefährdet.

Wandel und Veränderung werden aber nicht nur natürlichen Prozessen überlassen, sondern auch künstlerisch untermalt. Gartenkünstlerisch, indem im Bereich Waldpark vorhandene Abstellflächen für Panzer, die dort in Bodensenken versteckt wurden, nun zur **Schaufläche für Rhododendren** werden. Mit Mitteln der Kunst, indem Sitzgelegenheiten, in Tarnstoffen der Armeen aus aller Welt gekleidet, im Waldpark wie im gesamten Park im Bornstedter Feld verteilt werden. Dieses Kunstwerk einer Potsdamer Künstlergruppe wurde in einem eigens veranstalteten Kunstwettbewerb ausgewählt und mit Unterstützung der Bundeswehr realisiert. Sie nahm Kontakt zu Armeen anderer Nationen auf und bat um Tarnmuster. Diese Muster unterscheiden sich nämlich von Land zu Land, von Armee zu Armee, je nach ortstypischer Erdoberfläche und Vegetation von dschungelgrün bis wüstengelb oder polarweiß.

Das Camouflage-Camoufields-Kunstwerk erinnert in besonderer Weise an die militärische Vergangenheit des Parkareals, während das »K« des Berliner Künstlers Fritz Balthaus ironisch mit der Kunst im öffentlichen Raum spielt. Angeregt durch das Signet für Kunstwerke in einem Lageplan für einen anderen Park, nämlich ein schwarzes »K« auf weißem Grund, baute er eine Betonfläche an einem der schönsten Orte im Waldpark, auf die er ein aus Polyurethan geformtes »K« legt. Kunstwerk eben. Der Ort wird zur Diskussion über das Wesen der Kunst einladen.

Mit der Freizeit- und Sportleidenschaft spielt dagegen das **Basketballfeld.** Das ebenfalls im Waldpark gelegene Sportfeld ist der vorgefundenen Topographie angepasst – roter Kunststoffbelag mit allen notwendigen Markierungen und Körben, aber eben nicht eben, sondern bewegt.

Die künstlerische Überhöhung einzelner Aspekte ist Irritation und Orientierung im Park. Merkmale, Merkorte entstehen. So können Sie sich im Park im Bornstedter Feld am Basketballfeld verabreden, wie man sich einst im Park Sanssouci am Chinesischen Haus traf (und trifft).

Waldpark
Basketballfeld als Kunstwerk

Der neue Park im Bornstedter Feld ist eine zukunftweisende Parkidee mit vielen Angeboten, ein **Erlebnisraum,** dessen Gestalter sich ihrer Aufgabe wohl bewusst sind, sowohl an die Geschichte wie an die neuen Aufgaben der Landschaftsarchitektur anzuknüpfen, ohne belehrende Geste, sondern spielerisch und spannungsreich.

BUGA-PARK
Luftaufnahme während der Vorbereitungsarbeiten, 2000

Potsdam stellt sich mit der Bundesgartenschau 2001 und dem Park im Bornstedter Feld seiner Geschichte als Stadt der Gartenkunst. In einer Stadt, in der wesentliche Abschnitte der Gartenkunstgeschichte bis heute so dominant sichtbar sind, die deshalb durch die UNESCO zum Weltkulturerbe erklärt wurde und die dennoch nicht Museum, sondern lebendige Stadt ist, muss die Gegenwart und Zukunft der Gartenkunst eine wichtige Rolle spielen.

Biosphäre Potsdam – Hallenschauen werden zur Schaustelle

In diesem architektonisch ungewöhnlichen Gebäude werden als eine Art Zwischennutzung, vom 21. April bis 7. Oktober 2001, verschiedene Blumen- und Pflanzenschauen stattfinden.

Nach der Bundesgartenschau wird die Halle zu einer Naturerlebniswelt ausgebaut. Die Eröffnung dieses touristischen Highlights für Potsdam und die Region ist für den Spätsommer 2002 geplant. In der Biosphäre Potsdam auf insgesamt 6.000 qm Hallenfläche soll Wissensvermittlung eng mit Unterhaltung verknüpft werden. Informationen über ökologische Zusammenhänge werden auf spielerische Weise während eines Spaziergangs durch die Pflanzenvielfalt eines Tropenwaldes vermittelt.

Die 200 Meter lange und 72 Meter breite Halle – gleich am Haupteingang des BUGA-Parks gelegen – wird auch die Hauptattraktion der 26. Bundesgartenschau sein. Der prämierte Entwurf des Berliner Architekturbüros Barkow + Leibinger zeichnet sich durch ein gläsernes Dach aus, das auf parallel verlaufenden großen Wällen aufliegt. Auf der Nordseite bilden ein Wall aus Holz, ein weiterer aus Beton und im Süden ein grasbewachsener Erdwall den Rahmen. Die Architekten interpretieren sie als Landschaftsskulpturen. Sie wollen damit die Formen der umgebenden eiszeitlich geprägten Moränenlandschaft aufgreifen und gleichzeitig auf die unmittelbar benachbarten, aus militärischer Zeit stammenden Sichtschutzwälle Bezug nehmen. Gewollt ist ... *eine Architektur, die die Natur in Form einer Landschaft darstellt.*

Die lichte Höhe des Gebäudes beträgt bis zu 18 Meter. Es ragt jedoch an der höchsten Stelle nur bis zu zwölf Meter über die Geländeoberkante hinaus, denn die Halle ist bis zu acht Meter tief ins Erdreich eingegraben. Zwischen den parallel verlaufenden Wällen werden die einzelnen Ausstellungsbereiche auf verschiedenen Ebenen angeordnet. Die gesamte

Technik sowie die Lager-, Büro- und Besprechungsräume sind in die Wälle integriert.

Das etwa 500 Quadratmeter große Foyer auf der Ostseite bietet ausreichend Raum für die traditionelle Infoschau Gartenbau des Zentralverbandes (ZVG).

An dieser Fläche vorbei führt der Weg in die **Schatzkammer** im südlichen Erdwall gelegen – ein Bereich, der für thematisch bezogene Ausstellungen genutzt werden kann. Zwei Fahrstühle befördern den Besucher von hier aus in das Untergeschoss zu den **Versunkenen Gärten**. Dort angekommen, führt der Weg hinter einem Wasserfall und über ein Wasserbecken zickzackartig durch die geneigte Ausstellungsfläche nach oben. Der Besucher hat aber auch die Möglichkeit, den durch eine Glasfassade getrennten, außerhalb liegenden **Senkgarten** zu durchschreiten. Auch dieser Bereich kann für Ausstellungen genutzt werden. Durch die Verwendung von raumbildenden Großgehölzen, sowohl im Innern als auch außen, und durch eine Felswand, die vom Senkgarten bis zum Wasserfall reicht, entsteht ein starker räumlicher Bezug.

Eine Wassertreppe führt von den Versunkenen Gärten wieder nach oben. Dabei werden die **Hängenden Gärten** und die **Terrassen-Gärten** passiert. Am nördlich gelegenen Holzwall entlang verläuft der Rundweg durch die **Grotte** – einem inszenierten dunklen Raum – in die lichtdurchflutete **Orangerie**. Dieser ebenerdige Raum mit elf Metern Höhe wird von einem Wasserbecken durchzogen und stellt eine ideale Ausstellungsfläche dar. Eine Treppe führt weiter ins Obergeschoss zu den **Schwimmenden Gärten**. Blattartige Inseln im quadratischen Wasserbecken bieten interessante Präsentationsmöglichkeiten für pflanzliche Themen. Der vor dem Becken liegende Bereich dient auch als Plattform für Veranstaltungen – beispielsweise die Hallenschaueröffnungen und Preisverleihungen.

Ein Holzsteg führt zurück – über die Terrassen-, Hängenden- und Versunkenen Gärten – in das **Labyrinth**, zwei

Ausstellungsbereiche oberhalb des Foyers, die durch raumbildende Heckenpflanzungen auch für kleinteilige Ausstellungsthemen gut geeignet sind.

Die verschiedenen Ausstellungsräume in dieser Halle bieten ganz neue und spannungsreiche Formen der Pflanzenpräsentation, die mit zuvor stattgefundenen Blumenschauen nicht verglichen werden können. Bedingt durch die vorgegebene Architektur müssen bei der Ausstellungsabwicklung der BUGA 2001 etwas andere Wege gegangen werden – sicher nicht ohne Reiz für die Besucher!

Die Belieferung der Halle erfolgt von Süden über zwei Zufahrten – einmal über die Orangerie im äußersten Westen, zum anderen unterhalb des Labyrinthes zwischen Schatzkammer und ZVG-Infoschau. Die Auf- und Abbaubedingungen sind bei diesem Gebäude keinesfalls mit denen einer normalen und sonst BUGA-üblichen Messehalle zu vergleichen. Dies bedeutet, der Arbeitsaufwand ist höher und mit viel Handarbeit verbunden.

Um dennoch 170 Tage lang verschiedene **Hallenschauthemen** zu präsentieren, werden die zur Verfügung stehenden Flächen in Wechselausstellungen (2.040 qm) und Dauerausstellungsflächen (1.685 qm) aufgeteilt. Die permanenten Bereiche konzentrieren sich dort, wo der Umbau am schwierigsten zu bewerkstelligen ist –, also an den tiefsten, im Untergeschoss liegenden Punkten.

Die uneingeschränkte Begehbarkeit des Holzsteges im mittleren Ausstellungsbereich gibt den Besuchern erstmals auf einer Bundesgartenschau die Möglichkeit, während der Umbauphasen den Gärtnern und Floristen bei der Arbeit zuzuschauen, ohne diese zu behindern. Gleichzeitig ist dieser interessante Raum von jedermann jederzeit erlebbar. Es entsteht eine Schaustellen-Situation, die den Besucher nicht ausgrenzt.

Herta Simon

Terminplan Blumen- und Pflanzenhallenschauen

❧	Des Frühlings liebste Kinder Eröffnungsschau der BUGA Potsdam 2001	21.04.01–27.04.01 *In allen Bereichen*
❧	Vorfreude auf den Sommer – Beet- und Balkonpflanzen	28.04.01–03.05.01 *Terrassengärten* *Hängende Gärten, Versunkener Garten*
❧	Zauber der Fülle – Hortensie und Rhododendron	04.05.01–17.05.01 *Senkgarten, Orangerie*
❧	Stachlige Angelegenheiten – Kakteen und Sukkulenten mit Stauden	18.05.01–31.05.01 *Terrassengärten* *Versunkener Garten*
❧	Besser drauf – Hydro drin – Hydrokultur- und Tropenschau	01.06.01–14.06.01 *Orangerie, Labyrinth, Hängende Gärten*
❧	Gartenschätze aus dem Partnerland Nordrhein-Westfalen	15.06.01–21.06.01 *Terrassengärten, Senkgarten* *Hängende Gärten, Versunkener Garten*
❧	Blumengrüße aus Hessen – Landesverbandsschau	22.06.01–28.06.01 *Schwimmende Gärten* *Orangerie*
❧	Nostalgie im Reifrock – Fuchsien	29.06.01–05.07.01 *Versunkener Garten, Senkgarten*
❧	Tanz der Königinnen – Rosen und Gerbera	06.07.01–12.07.01 *Labyrinth, Terrassengärten*
❧	Wasserwelten – Seerosen und Wasserpflanzen	13.07.01–26.07.01 *See, Schwimmende Gärten*
❧	Rendezvous der Gartenblumen – Schnitt- und Blütenstauden	27.07.01–02.08.01 *Versunkener Garten, Senkgarten*
❧	Schmackhaft, heilsam, schön – Gewürz- und Heilpflanzen in mediterranem Flair	03.08.01–16.08.01 *Terrassengärten, Hängende Gärten* *Orangerie*
❧	Mit allen Sinnen genießen – Die große Sommerschau	17.08.01–23.08.01 *In allen Bereichen*
❧	Gartengrüße vom Nachbarn – Landesverbandsschau Sachsen-Anhalt	24.08.01–05.09.01 *Orangerie,Terrassengärten* *Schwimmende Gärte*
❧	Aus Gärtners Schatztruhe: Blumen, Früchte und Wein aus Rheinland-Pfalz und Heideschau	06.09.01–12.09.01 *Versunkener Garten, Labyrinth* *Hängende Gärten, Terrassengärten* *Eriken: Senkgarten*
❧	Florale Meisterwerke – Die große Floristikschau	13.09.01–16.09.01 *Orangerie, Schwimmende Gärten*
❧	Ein Spätsommernachtstraum – Die große Dahlienschau	15.09.01–19.09.01 *Labyrinth , Zusatzflächen Lab., ZVG-Infoschau*
❧	Ouvertüre des Herbstes – Chrysanthemen, Cyclamen und Landesverbandsschau Thüringen	20.09.01–25.09.01 *Terrassengärten, Versunkener Garten* *Schwimmende Gärten*
❧	Blühendes, fruchtiges Brandenburg – Landesverbandsschau	26.09.01–07.10.01 *Orangerie,* Schwimmende *Gärten*
❧	Erntedank – Die große Abschluss-Schau	03.10.01–07.10.01 *In allen Bereichen*

Die neue Erlebniswelt im Biosphären-Reservat

An dieser Stelle würden wir Ihnen gerne etwas über das Konzept der weiteren Nutzung der Biospärenhalle sagen. Aber: die Story dazu wird noch geschrieben. Wenn also die Hallenschauen vorbei sind, entsteht hier eine neue Erlebniswelt: ab September 2002. Angefüllt mit den schönsten und beeindruckendsten Pflanzen aus aller Herren Länder. Der Besucher wird entführt auf eine abenteuerliche Reise zu Wasser, zu Lande und in der Luft. Eingewoben in eine Geschichte des ausgehenden 19. Jahrhunderts, entdeckt er die Geheimnisse der Natur, nimmt Teil an den Experimenten eines weltbekannten Forschers und entschlüsselt die Geheimnisse des Zaubergartens Potsdam.

Diese Welt ist in Hannover bereits Realität. Inmitten der Herrenhäuser Barockgartenlandschaft liegt das futuristische Regenwaldhaus, entworfen von den Londoner Architekten Gordon Wilson und Ray Hole.

Mit dem Begriff Regenwald verbinden die meisten Menschen die Vorstellung von endlosem unberührtem Wald, exotischen Pflanzen und gefährlichen Tieren. Das Regenwaldhaus daher nur eine Pflanzenschau zu nennen wäre zu wenig. Als Teilnehmer einer Forschungsexpedition können die Besucher des Regenwaldhauses mit einer simulierten Flugreise mit einem Space Shuttle in den südamerikanischen Bergregenwald reisen und hautnah seine verschiedenen Lebensformen erleben.

Mit dem Abwurf einer Forschungsgondel über einer unbewohnten Region beginnt dann die aufregende Reise direkt im Regenwald. Im Basecamp des verschollenen Forschers Prof. Frank gilt es dann, das Abenteuer selbst in die Hand zu nehmen. Das große Wohn- und Forschungszelt des Professors steckt voller Geheimnisse und Rätsel. So können Besucher die Welt aus der Sicht von Tieren erleben, Experimente des (fiktiven) Professors Frank selbst nachvollziehen. Das alles dient zur Vorbereitung auf einen abenteuerlichen Trip in den Dschungel und die Suche nach dem verschollenen Forscher.

Durch einen steinernen Fledermaustunnel hindurch, vorbei an einem tosenden Wasserfall, betritt der Besucher die einmalige Tier- und Pflanzenwelt des südamerikanischen Bergregenwaldes.

Auf ca. 1.000 qm Grundfläche leben über 6.000 Pflanzen, Vögel, Schmetterlinge und Reptilien unter einer 18 Meter hohen Dachkuppel. Mit Temperaturen von 22–28 °C und fast 60–90 % Luftfeuchtigkeit ist der Rundgang durch den Regenwald für alle Altersgruppen ein aufregendes, aber auch erholsames Abenteuer.

Geführt durch einen persönlichen Audio-Guide, erhält der Besucher an zahlreichen Multimedia-Stationen und Hands-On-Stationen im Regenwalddom viele Informationen und interessante Details zu Flora und Fauna. Ob Blattschneiderameisen, Regenboas und Pfeilgiftfrösche bei Tage oder Fledermäuse in der Nacht – die Vielfalt des Lebens im Regenwald begeistert die Besucher.

Die Reise endet wieder dort, wo sie begonnen hat. So viel sei verraten. Mit einem abenteuerlichen Fluggerät fliegt der Besucher durch Wildwassergebiete, Wüsten und ...?

Nach der Landung in Hannover hat man aber auf jeden Fall Gelegenheit, im südamerikanischen Café do Brasil des Regenwaldhauses landestypische Speisen zu genießen – auch wenn vielleicht draußen nicht mehr die tropische Sonne strahlt.

Der Besuch ist aber auch ein Zeichen um das Wissen und die Notwendigkeit des Schutzes des tropischen Regenwaldes. So fördert das Regenwaldhaus mit jeweils einer Mark des Eintrittsgeldes einer Erwachseneneintrittskarte das Projekt "GEO schützt den Regenwald", einer international anerkannten und renommierten Organisation.

Mit seinen Partnern und Sponsoren des Regenwaldhauses, der Volkswagen AG, GEO und der CinemaxX AG hat Hannover ein herausragendes neues Juwel bekommen, eingebettet inmitten der Herrenhäuser Gärten.

Diese Erfahrung und die überwältigende Resonanz in Hannover und Umgebung für das Projekt Regenwaldhaus hat Mut gemacht, auch in Potsdam ein Objekt zu schaffen, welches den Zauber der Natur, das Wissen und Forschen um ihre Geheimnisse und eine wunderschöne Zeit der Erholung für den Besucher verbindet.

Für alle, die nicht bis Oktober 2002 warten wollen, sei bis dahin ein Besuch in Hannover empfohlen:

Öffnungszeiten Regenwaldhaus
Sonntag bis Donnerstag 9–20 Uhr,
Freitag bis Sonnabend 9–23 Uhr.

Kontakt:
Regenwaldhaus Hannover, Herrenhäuser Gärten
Herrenhäuser Straße 4 a, D-30419 Hannover.
Tel. 05 11/ 12 60 42 10
Fax 05 11/ 12 60 42 22.
www.regenwaldhaus.de

Rosen im BUGA-Park
Von Rot, Orange über Gelb und Weiß bis Rosa und Violett

Von Rosenbändern und Pyramidengärten
Die gärtnerischen Ausstellungsthemen

Das eigentliche BUGA-Gelände – der künftige Volkspark Bornstedter Feld – erstreckt sich zwischen Ruinen- und Pfingstberg im Norden Potsdams. Baumreihen und offene Wiesenflächen charakterisieren den Übergang vom Ruinenberg zum neuen Park. Markant ragen im Zentrum des Ausstellungsgeländes fünf bis sechs Meter hohe Erdwälle empor, die durch acht Brücken miteinander verbunden sind. Diese Wälle wurden als Relikte militärischer Nutzung bewusst von den Planern in die Gestaltung des neuen Parks einbezogen. Die Wallkronen sind begehbar und erlauben einen Überblick über das sonst ebene Gelände sowie einen Ausblick in die Umgebung des Parks.

Rosen

Am Fuße eines Wallkarrees, im Zentrum der neu geschaffenen Parkanlage, begrenzen zwei rechtwinklig aufeinander zulaufende **Rosenbänder** den südlichen Teil des Veranstaltungsbereiches. Von der Dammkrone der Wälle genießt man einen wunderbaren Blick auf den originell angelegten Rosengarten.

Ziel der Planung war es, das Rosenthema auf neue Art zu präsentieren. Aus etwa 13.000 Einzelpflanzen verschiedener Sorten wurden 15 überdimensionale **Rosenblüten** in unterschiedlichen Größen geformt. Sie reihen sich in einem längeren **Farbenband** mit zehn Rosenblüten und einem kürzeren Themenband mit fünf »Blüten« aneinander. Von Rot, Orange über Gelb und Weiß bis zu Rosa und Violett reicht das Spektrum der Farbtöne. Im Themenband werden Rosen mit Namen von Städten und berühmten Persönlichkeiten vorgestellt, aber auch Duftrosen und Neuzüchtungen.

Die 15 einzelnen Rosenbilder vor dem ruhigen Hintergrund der Rasenwälle bestehen jeweils aus mindestens fünf

Rosenband
13.000 Rosen nach Farben und Themen geordnet

Rosenband
Am Fuße eines Wallkarrees

bis maximal zwölf farblich aufeinander abgestimmten Rosensorten. Das bewegte Höhenprofil der großen »Blüten« ergibt sich aus der Wahl unterschiedlicher Rosengruppen, wie Bodendeckende, Strauch-, Edel-, Beet- und Zwergrosen. In all diese »Rosenblüten« kann man hineingehen. Niedrige immergrüne Buchsbaumhecken symbolisieren die Kelchblätter und lassen gleichzeitig das klassische Rosengartenthema anklin-

Stauden-Pyramiden
Stauden in vielen Variationen auf 7.000 qm

gen. Hoch aufstrebende Reitgräser (Calamagrostis) stellen die Staubfäden dar und strukturieren jede »Blüte« gemeinsam mit den Kletterrosen, die als Griffel und Stempel die Platzmitte betonen. Die angrenzenden Rasenflächen sorgen zusätzlich für Kontraste, bringen aber auch Ruhe in die Farbenfülle.

Stauden

Das Thema Stauden wird auf dem Bundesgartenschaugelände in vielen Variationen dargestellt. Insgesamt nehmen die ausdauernden Gewächse im neuen Park eine Fläche von ca. 7.000 qm ein. Die reine Wettbewerbsfläche von 3.200 qm gliedert sich in fünf Themenfelder.

Im zentralen Wallbereich fallen die **Pyramidengärten** – das sind in Muschelkalk gefasste Hochbeete mit schräg exponierten Flächen – besonders ins Auge. Auf diesen 43 Tableaus präsentieren sich auf 800 qm speziell sonnenliebende und trockenheitsverträgliche Stauden. Sie werden dem Lebensbereich Freiflächen zugerechnet. Charakteristisches Merkmal dieser mediterran wirkenden Pflanzen ist ihr graues bzw. silberfarbenes Laub. Die Blätter sind meist behaart oder bereift und dickfleischig.

Trotzdem besitzt jedes Beet durch seine Blüten eine eigene Farbigkeit, die von zwei bis drei Begleitfarben ergänzt wird, aber nie die Leuchtkraft der Prachtstauden erreicht. Stattdessen wurde bei dieser Planung besonderer Wert auf das Herausarbeiten unterschiedlicher Strukturen und Texturen gelegt.

Lineare Irispflanzungen unterstreichen zusätzlich die strenge Architektur der Pyramidenstümpfe. Die Abmessungen dieser insgesamt 52 Erdskulpturen betragen fünf oder sechs Meter im Quadrat. Die am Rand liegenden Skulpturen sind gleichzeitig auch die höchsten, zum Platzinnern hin werden sie immer niedriger. Neun der Tableaus sind mit Rasen belegt und laden zum Lagern ein. Die Pyramidengärten mit den begrünten Wällen im Hintergrund vermitteln ein starkes Raumgefühl.

Im nördlichen Geländebereich, dem Remisenpark, werden auf 800 qm entlang der Hauptwegeachse dem Lebensbereich Beet zugehörige Prachtstauden gezeigt. Die einzelnen Parzellen wurden nach bestimmten Themenschwerpunkten gestaltet. Von Süd nach Nord durchschreitet man kleine Bereiche mit den Titeln: **Rittersporn und Co**, **Seltene Giganten**, **Gräser und ihre Begleiter**.

Die **Schatten- und Halbschattenstauden** aus dem Lebensbereich Gehölz und Gehölzrand haben ihren standortgerechten Platz unter den bis zu 200 Jahre alten Eichen der historischen Viereckremise gefunden. Die von geschnittenen

Gartensituationen
Im Garten der Pracht
Mehr darüber auf Seite 73

Bluthaselhecken gerahmten vier rechteckigen Beetflächen werden poetisch als Bühnen bezeichnet: Die Begriffe **Raritäten-**, **Blätter-** und **Jahreszeitenbühne** sowie **Wilde Bühne** lassen die dazugehörigen Pflanzenbilder bereits erahnen.

Eine Besonderheit verspricht der **Ernst-Pagels-Sortimentsgarten** zu werden. Ernst Pagels ist ein berühmter Staudenzüchter – ein Schüler von Karl Foerster. Sein umfangreiches Pflanzensortiment mit den Schwerpunkten Gräser (z. B. Chinaschilf) und Salbei wird im Rahmen des Beitrages Gehölzbilder gezeigt. Der Perenne-Verein für Staudenzüchtung und Sortimentsentwicklung e. V., ein Zusammenschluss von Fachleuten und Hobbygärtnern, die sich dem Thema Stauden verschrieben haben, engagiert sich hier als Ausstellergemeinschaft.

Gartensituationen
Im Garten der Pracht
Mehr darüber auf Seite 73

Im Wettbewerb stehen auch die Staudenpflanzungen innerhalb der zehn Gartensituationen. Ergänzend dazu werden noch an zahlreichen anderen Stellen des Parkes Stauden gepflanzt – beispielsweise in den Gärten der Verbände, in den zentralen Wallanlagen der eindrucksvolle Iris–Hemerocallisgraben, sowie im Rosenband und im Rhododendronbereich (Waldpark). Auch der Beitrag Grabbepflanzung und Grabmal wird intensive Staudenpartien enthalten. Ein ausgesprochen dekorativ wirkender Wildstaudenstreifen ist diesem Beitrag vorgelagert.

Rhododendren

Die große Gruppe der Heidekrautgewächse hat ihren dauerhaften Platz in so genannten Panzertaschen gefunden –

das sind schräg nach hinten abfallende Bodenvertiefungen –, Hinterlassenschaften der militärischen Nutzung, ebenso wie ein alter Hubschrauberlandeplatz und die Schutzwälle. Insgesamt wurden 1.340 Rhododendren und Begleitgehölze gepflanzt, darunter auch ein über zwei Meter hohes und ca. 90 Jahre altes Rhododendronexemplar.

Blütengehölze aus der Rhododendronfamilie wie Pieris (Lavendelheide), aber auch Amelanchier (Felsenbirne) und verschiedene Cornus (Hartriegel)-Arten wurden den Rhododendren zugeordnet. Außerdem ergänzen 6.000 Stauden, Gräser und Farne, die in diesen Waldcharakter passen, das naturnah gestaltete Rhododendronquartier. Eine übermäßige Fülle an Pflanzenfarben und -formen wollte man an dieser Stelle vermeiden. Alte Eichen und Robinien geben Schatten und bilden den reizvollen Rahmen für diesen Themenbereich. Schmale wassergebundene Wege, deren Belag mit glitzernden, gemahlenen Glasscherben durchsetzt wird, erschließen den Waldpark. Die fünf Panzertaschen werden von etwa 50 cm hohen, aus Eichenholzscheiten aufgeschichteten Wänden gefasst.

Gehölzbilder

Dieser Beitrag, angelegt im zentralen Bereich des Wallkreuzes, gehört zu den temporären Teilen des Parks. Hier werden den BUGA-Besuchern eine Reihe von Ziergehölzen in ihren unterschiedlichen Verwendungsformen vorgestellt. Bei diesem gärtnerischen Wettbewerb geht es in erster Linie um ein Sortimentsspektrum, das sich speziell für den kleinen Hausgarten eignet.

Gerahmt von Großgehölzen, Sommerblumen und Rasenbändern in einem architektonisch geprägten Umfeld reihen sich die Pflanzenbilder in Form kleiner Gartenräume aneinander. Als Themen wurden gewählt: Formgehölze, Immergrüne, Bodendecker, Hecken, Rosen und Stauden. Die Planer legten auch Wert auf die passenden Begleitpflanzen. Außerdem wird ein spezieller Baum des Monats herausgestellt.

Gehölzbilder
Speziell für den kleinen Hausgarten

Weitere Themen widmen sich dem Steingarten und mediterranen Gehölzen, der Farbe im Garten, schattenverträglichen Arten oder bestimmten Sortimenten, Raritäten und Neuheiten. An einer Pergola werden unterschiedliche Schling- und Kletterpflanzen vorgestellt. Einen hübschen Kontrast zu all den Laub- und Nadelgehölzen bildet in diesem Umfeld der Ernst-Pagels-Sortimentsgarten.

Frühjahrs- und Sommerblumen

Zur saisonalen Bepflanzung (Schmuckbeete, Wechselpflanzung) stehen ca. 10.000 qm zur Verfügung. Die Planer wollen durch das Übergreifen von Pflanzen und Farben einen großen Zusammenhang zwischen den Grundstrukturen des Geländes herstellen. Blumenbänder durchziehen die Beetflächen und verbinden sie optisch miteinander. Außer-dem unterstützt der Wechselflor die Besucherführung durch das Gartenschaugelände. Entsprechend der unterschiedlichen Geländeteile verändert sich auch das Farbkonzept.

Pflanzliche Höhepunkte bilden neben den Frühjahrsblumen und frühjahrsblühenden Blumenzwiebeln vor allem die Sommerblumen mit den sommerblühenden Zwiebelgewächsen, im Spätsommer und Herbst außerdem Dahlien und Eriken.

Die Schwerpunkte des Frühlings- und Sommerflors liegen publikumswirksam im Bereich der Eingänge, den zentralen Wallanlagen und bei den gastronomischen Einrichtungen. Auch im Großen Wiesen- und im Remisenpark begleiten Blumen der Saison die Besucher auf ihren Rundgängen.

Im architektonisch geprägten Umfeld des Wallkreuzes und der Gastronomie wird der Wechselflor überwiegend in geometrischen Formen und klaren Farbabstufungen präsentiert. Nur im Zentrum der Wallanlage weisen erhöht angelegte Beete kleinteiligere, feine Farbstrukturen auf.

Im Remisenpark sind die Beetflächen entlang des Hauptweges angeordnet – teilweise werden sie von kleinen

GRABBEPFLANZUNG UND GRABMAL
Durch alten Baumbestand geprägt

Plätzen unterbrochen. Die Farbtöne nehmen auf dem Weg nach außen – von Violett, Rot über Orange zu Gelb und Weiß – an Intensität ab. Im Wiesenpark geben vorhandene Baumhaine und Heckenblöcke die streifenförmige Beetkonzeption vor.

Für die Präsentation der Dahlien (ca. 800 qm) wurde ein rasterförmiges Areal am Biergarten gewählt. Neuheiten werden in einem separaten Garten in der Nähe des Gärtner- und Bauernmarktes vorgestellt. Hier sind auch die Balkonkastenschau sowie der Kübelpflanzen-Wettbewerb angesiedelt.

Grabbepflanzung und Grabmal

Dieser gärtnerische Ausstellungsbeitrag erhielt sein unverwechselbares Fluidum durch den vorhandenen alten Baumbestand. Drei mächtige Eichen und ein **Kranz von Gehölzen** prägen das Gesamtareal mit einer Größe von ca. 9.000 qm. Unterschiedliche **Heckenstrukturen** aus Hainbuche (Carpinus) und Kirschlorbeer (Prunus laurocerasus) bilden den Rahmen für die einzelnen Grabfelder.

Im Rahmen des traditionellen Wettbewerbs werden von Friedhofsgärtnern, Steinmetzen, Holzbildhauern und Metallhandwerkern 113 Mustergrabstätten gestaltet. Die Friedhofsgärtner bepflanzen ihre Grabstellen während des Gartenschauhalbjahres der Jahreszeit entsprechend drei Mal. Auch für die Sonderthemen **Der gemeinsame Weg** und **Das neu angelegte Grab** haben sich zahlreiche Interessenten gefunden. Diese 17 Grabstellen werden außerhalb des allgemeinen Wettbewerbs bewertet.

Gartensituationen

Einen zweiten temporären Themenschwerpunkt bilden die zehn Gartensituationen auf der südwestlichen Seite des Remisenparkes. Es handelt sich um eine Reihe interessanter Schaugärten, die – in unterschiedlichen Größen und

Grundrissen – verschiedene Assoziationen zum Thema Garten wecken. Die einzelnen Gärten sind mit unterschiedlichen Hecken eingefasst.

Von den Wallanlagen kommend, trifft man im Süden dieses Ausstellungsbereiches zunächst auf den **Garten der Pracht**. Wie ein Bild wirkt die sanft geneigte Fläche in diesem Gartenraum, der von einer geschnittenen Blütenhecke aus Falschem Jasmin (Philadelphus) gefasst ist. Dem Besucher bieten Stauden, Gräser, Zwiebelgewächse und Sommerblumen ein ständig wechselndes Blüten- und Farbenspiel. Vom Frühling bis zum Herbst wird hier "durchgeblüht" – wie es sich Karl Foerster immer wünschte. Vom Prachtvollen Garten gelangt man in den **Garten des siebten Himmels**. Ein Weg durchschneidet diesen intimen Raum, der mit Gewürz- und Küchenkräutern, Ebereschen und Apfelbäumen bepflanzt ist. Im Garten verteilte Terracotta-Scherben vermitteln mediterranes Flair. Nach diesen Gartenbildern folgt der **Garten der Transparenz**, eingefasst von schmalen Säulen-Zitterpappeln. Mit Pflanzenmotiven bedruckte, transparente textile Vorhänge gliedern den Garten und reizvolle Durchblicke – ein Spiel mit natürlichen und künstlichen Pflanzen. Der **Lange Garten** ist vom Weg bis zur Bepflanzung ganz in roten und orangen Farbtönen gehalten. Durchgehend von ungewöhnlich gestalteten Pergolen überstellt, verspricht der lang gestreckte, schmale Garten ein intensives Raumerlebnis.

Einen interessanten, in sich geschlossenen Beitrag stellen die **Gärten der Dekaden** dar. Anlässlich des 50. Jubiläums der Bundesgartenschauen in Deutschland präsentiert die BUGA in Potsdam anhand von fünf Gärten die Gestaltungsideen und typischen Pflanzen der jeweiligen Jahrzehnte. Ein schmaler Wasserlauf als Zeit-Achse führt den Besucher vom **Garten der 50er-Jahre** mit andeutungsweise nierenförmigem Brunnenbecken, Rosenrankgerüsten und polygonal verlegten Natursteinplatten weiter in den **Garten der 60er-Jahre** mit den für die Zeit so typischen Waschbetonplatten und dem unvermeidlichen Essigbaum. Eine Rosenrabatte mit Sorten aus dieser Zeit wie die duftende "Superstar" und einer Thuja-Hecke vervollständigen dieses Gartenbild.

Anschließend, im **Garten der 70er-Jahre**, dominieren intensive Farben bei Gestaltung und Pflanzung. Das Rot der Berberitzen und der Blutbuchenhecke konkurriert mit gelben, violetten, orangen, und blauen Tönen. Auch die abgerundeten Kanten greifen die Formensprache der 70er wieder auf.
Die Ökowelle der 80er-Jahre beeinflusst im Garten dieses Jahrzehnts in erster Linie die Gestaltung: im **Garten der 80er-Jahre** sind Birken und ein naturnaher Teich mit Sumpfzone zu finden. Gabionen, gefüllt mit Lavagestein, fassen die Sumpfzone ein.
Am Ende der Wasserachse, die durch ihre Fließrichtung den Lauf der Zeit symbolisiert, liegt der **Garten der 90er-Jahre**. Formale Gestaltungselemente – ein Wasserbecken in Dreiecksform und schräge Linien – bestimmen hier die Form. Auffallend sind der Trompetenbaum (Catalpa) als Solitärgehölz und die Verwendung unterschiedlicher Kiesarten.

Den **Gärten der Dekaden** folgt ein letztes, das zehnte und nördlichste Gartenbild. **Das kleine Blau** ist mit einer dichten Thuja-Hecke eingefasst, von außen erscheint der Garten rechtwinklig. Nach innen öffnet sich jedoch ein kleiner ovaler Raum mit spiegelndem Seerosenbecken. Zwei sich gegenüberliegende Bänke laden die Besucher zum Verweilen und Meditieren ein.

Herta Simon

Gärten der Verbände

Nordöstlich des Wallkreuzes, parallel zur Hauptwegeachse, reihen sich unterschiedliche Gärten aneinander. So genannte Weidenkissen, das sind großflächige, in einer Höhe von 1,20 Metern geschnittene Heckenstrukturen, stellen den verbindenden Rahmen dieser Gärten dar.

Den Auftakt bildet die **Pflanzbar**. Dieses Thema basiert auf einer gemeinsamen Wettbewerbsausschreibung der Deutschen Gesellschaft für Gartenkunst- und Landschaftskultur (DGGL) mit der BUGA GmbH vom Oktober 1999 unter dem

GARTENSITUATIONEN
Der Garten der 60er-Jahre

LANGER GARTEN
Ein intensives Raumerlebnis

Motto **Gartenkunst zwischen gestern und morgen**. Der alle zwei Jahre durchgeführte Wettbewerb richtet sich speziell an junge Landschaftsarchitekten und Studenten. Nach der offiziellen Vergabe des Ulrich-Wolf-Preises am 12. Mai 2000 konnten die Wettbewerbsgewinner Saara Hanke und Marek Jahnke von der TU Berlin mit der Ausführungsplanung beginnen. Hier entstand ein origineller Beitrag. Um eine Bar aus

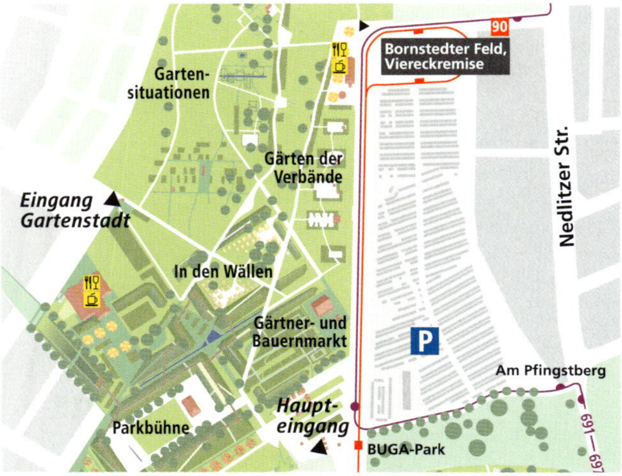

Gärten der Verbände
Von oben nach unten: Naturgarten, Gesundheitsgarten, Kleingärten, Lehrbaustelle, Ulrich Wolf-Preis

geschnittener Eibe (Taxus) erheben sich erhöht liegende Beete, die dem farbigen Erscheinungsbild beliebter Cocktails nachempfunden sind – zum Beispiel Pina Colada, Kir Royal, Tequila Sunrise, Red Devil und Blueberry Moon. Vielfalt und Zusammenstellung der Pflanzen innerhalb dieser "Cocktail gläser" sollen sinnliche Eindrücke vermitteln.

Die traditionelle **Lehrbaustelle** des Fachverbandes Garten-, Landschafts- und Sportplatzbau schließt sich nach Norden an. Auch diesem Beitrag lag ein studentischer Realisierungswettbewerb zu Grunde. Die Landesverbände Berlin und Brandenburg und der Bund Deutscher Landschaftsarchitekten (BDLA) waren Auslober. Den ersten Preis errangen Susanne Pfannenstiel, TU Berlin, und Florian Otto, TU München-Weihenstephan. Der Wettbewerb stand unter dem Motto **Die Kunst der Umsetzung**. Gefordert war eine Planung für die Schaubaustelle der BUGA, wo Auszubildende des

Berufsstandes während der gesamten Laufzeit der Ausstellung alle praktischen Tätigkeiten eines Landschaftsbauers demonstrieren sollen. Das in diesen Beitrag integrierte **Haus der Landschaft** wird Gartenschau- wie auch Fachbesuchern als Informationspavillon dienen. Informieren Sie sich bitte über die angebotenen Vorträge.

Herta Simon

Lehrbaustelle als Themengarten im Wandel

Hohe Ziele haben sich die Landschaftsgärtner für die BUGA gesetzt. An jedem Tag der Gartenschau werden zwei Auszubildende aus Fachbetrieben des Garten-, Landschafts- und Sportplatzbaus einen Beitrag dazu leisten, bis zum Schlusstag der BUGA einen **Themengarten im Wandel** fertig zu stellen. Die Schaubaustelle folgt einem Entwurf von Susanne Pfannenstiel und Florian Otto, die als Sieger aus einem studentischen Wettwerb der Fachverbände in Zusammenarbeit mit dem Bund Deutscher Landschaftsarchitekten hervorgegangen waren. Die Kunst der Umsetzung – unter diesem Leitmotiv hat das junge Team eine anspruchsvolle Planung vorgelegt, die sich ganz der Dynamik eines werdenden Gartens widmet. Von Erd- und Wegebau über Pflaster- und Natursteinarbeiten bis hin zur Arbeit mit der Pflanze, dem klassischen Kernarbeitsfeld jedes Gärtners, eröffnet sich dem Besucher die ganze Vielfalt gärtnerischer Möglichkeiten. Fachkundige Arbeit, wie sie der Gestaltung des gesamten Gartenschaugeländes zu Grunde liegt, ist im Rahmen dieser Lehrbaustelle nochmals im Kleinen zu erleben.

Schon zur Eröffnung der Bundesgartenschau entfaltet der Themengarten als inszeniertes Baumateriallager seinen betont temporären Charakter. Mit jeder Bauphase werden die Baumaterialien ihren Standort verändern, wird durch die veränderte Kombination und Anordnung der Stoffe ein neuer Aspekt des landschaftsgärtnerischen Gesamtwerkes im Wandel erlebbar sein.

Pavillon
Entwurf Tom Kaden

Dabei setzen die raumgebenden Gehölzstrukturen gewollt auf eine klare Gliederung und wenige Dominanten. Die 1,5 m hohen Begrenzungshecken sind als Gliederungselemente auch in den Gartenraum selbst hineingezogen und bilden damit ein stabiles räumliches Gerüst, das den Fortgang der gärtnerischen Arbeiten trägt. Als Solitärbaum definiert eine groß gepflanzte Stieleiche (Quercus robur) einen eigenen Schattenraum, eine Kastanie (Castanea sativa) bildet die Kulisse für den sonnigsten Gartenbereich. Das nasse Element durchzieht den Garten in Form eines vielfältigen Wasserlaufes von Süd nach Nord bis zum Teich mit seinen gestalten Uferbereichen und bringt über die zentrale Holzbrücke sowie die wasserliebende Sumpfzypresse (Taxodium distichum) gestalterische Schwerpunkte in die Planung.

Die Kleinflächigkeit der Schaubaustellen wird durch eine einheitliche Beeteinfassung aus Klinkern, eine homogene

Perspektive V3

Entwurf Pfannenstiel/Otto

Auswahl der Baustoffe sowie eine bewusste Farbbeschränkung in der Pflanzenwahl aufgefangen. Mit dem Silbergrau der Hecken korrespondieren neben den Gelbtönen der Steinmaterialien auch verschiedene Spielarten der Farbe Gelb in der Pflanzenblüte. So finden sich in den Hochbeeten gelbe Sonnenblumen-Hybriden (Helianthemum hybr.) sowie das hohe Kreuzkraut (Ligularia przewalskii) farblich abgestimmt über dem Fingerkraut (Potentilla megalantha) sowie der bodendeckenden Goldnessel (Lamiastrum galeobdolon).

Den Eingangsbereich nahe der Pergola prägen auf der rechten Seite Sonnenblumen der Art Helianthus decapetalus über einer Grundbepflanzung mit gelb blühender Fetthenne (Sedum hybr. "Immergrünchen") und dem goldgelben Zwergalant (Inula ensifolia). Auch beim Wechselflor im Zentralbereich dominieren die Gelbtöne sowohl im Frühsommeraspekt mit Primula vulgaris wie in der Spätsommerbepflanzung mit dem orangegelben Sonnenhut (Rudbeckia fulgida var. Sullivantii).

Zurückhaltend fügt sich der Pavillon der Fachverbände als Infotreff in den intensiv gestalteten Garten. Nach einem beschränkten Auswahlverfahren entschieden sich die Landschaftsgärtner für eine nachhaltige Holzrahmenkonstruktion im System 81Fünf nach einem Entwurf des Architekten Tom Kaden. Neben der natürlichen Optik des Holzwerkstoffes überzeugt das Gebäude vor allem durch seinen hohen Glasanteil, der die Entwicklung des Gartens auch von innen erlebbar macht. Im Infotreff bietet der landschaftsgärtnerische Berufsstand während der BUGA ein vielfältiges Veranstaltungsprogramm zu aktuellen Trends der Gartengestaltung und Aspekten der regionalen Gartenkunst. Auch außerhalb der Veranstaltungen gibt es fachkundige Informationen zur aktuellen Arbeit auf der Schaubaustelle, zum Leistungsangebot und Berufsbild des Landschaftsgärtners sowie zum Bausystem 81Fünf. Der temporäre Bau mit extensiver Dachbegrünung ist rückbaubar und zur Nachnutzung auf anderen Gartenschauen vorgesehen.

Bauablauf

Die Lehrbaustelle besteht aus Beeten, Schaubaustellen, die während der BUGA von Auszubildenden sukzessive fertig gestellt werden.

	Beet	
April	10	Wechselpflanzung
	11 + 13	Schnittgehölze
	24	Gartengehölze
	29	Verkehrsbegleitgrün
	2	Obstgehölze
Mai	15	Terrasse
	26	Solitärgehölz
	16	Steingarten
Juni	18 + 20	Hochbeet
	28	Staudenbeet
	6	Teich
Juli	7 + 9	Teichrandbepflanzung
	17	Rasenflächen
	10	Wechselpflanzung
	25	Schattenstauden
	1	Mosaikpflaster
	4	Polygonplattenbelag
August	33	Brücke
	30 + 31	Pergola
	10	Wechselpflanzung
September	21	Wasserlandschaft
	22 + 12	Staudenbeete

Oliver Hoch

Musterkleingärten

Der eine ist formal gestaltet mit strengen Beeten und auf Nutzung ausgerichtet, der andere hat eher den Charakter eines Familiengartens: Rasen wird hier von Stauden- und Sommerblumenrabatten in freier Form umrahmt. Ein kleines Feuchtbiotop sowie ein Spielbereich gehören zu dieser

Parzelle. Gemüse und Obst werden ebenfalls in diesem Garten angebaut. Wassergebundene Wege und Trittplatten verbinden die einzelnen Gartenteile miteinander. Im benachbarten Nutzgarten dominieren Gemüsebeete, Spalier- und Beerenobst. Schnittblumen gibt es aber auch in diesem Garten. Außerdem ist hier Platz für Komposthaufen, Hügelbeet, Regentonne und Totholzhaufen – alles Elemente, die in einem nach ökologischen Prinzipien angelegten Garten nicht fehlen sollen.

Der gerade Zugangsweg zu beiden Gärten wird von einer originellen Pergola überstellt – als passendes Element wurden hier Bohnenstangen als Arkadengang verwendet. Der Landesverband Brandenburg der Gartenfreunde e. V. und der Bezirksverband Potsdam werden vor Ort sein und die Besucherinformation übernehmen.

Westlich des BUGA-Geländes in der Feldflur entstand mit 111 Parzellen eine **modellhafte Musterkleingartenanlage**. Hier werden nach einem völlig neuen Konzept Beispiele für unterschiedliche Kleingartenformen gegeben.

Ein ungewöhnlicher **Naturgarten** schließt sich an die beiden Kleingärten an. Als Grundform wurde hier ein Oval und damit ein formaler Gestaltungsansatz gewählt – reizvoller Widerpart zur naturnahen Bepflanzung des Gartens mit ausschließlich heimischer Vegetation. Als besondere Themen sind die vielfältigen Wasser- und Feuchtzonen hervorzuheben, ein Trockenstandort mit zahlreichen Futterpflanzen für Bienen und Schmetterlinge und die natürlichen Strauch- und Staudengemeinschaften. Eine formale Sprache klingt dagegen wieder beim Holzsteg an, der quer über das Feuchtbiotop führt, ebenso bei den Heckenpflanzungen und den wegebegleitenden Weidenzäunen. Grundsätzlich finden in diesem Garten nur natürliche Materialien wie Lehm, Holz, Findlinge, Kies und Schotter Verwendung. Trockenmauer und Totholzwall stellen Unterschlupfmöglichkeiten für Kleinlebewesen dar. Die Landesverbände von Naturschutzbund (NABU) und Naturschutzjugend (NAJU) engagieren sich hier sehr stark.

INDIVIDUELL
Roter Sonnenhut

Sie sind teilweise am Bau der Anlage beteiligt und übernehmen neben der Besucherinformation auch die Pflege des Gartens. Im Infopavillon finden Vortragsreihen und Veranstaltungen statt. Der Schwerpunkt liegt auf Kinderprogrammen und der Betreuung von Schulklassen im Rahmen des Beitrages **Grünes Klassenzimmer**.

Den nördlichen Abschluss dieses Gartenbandes bildet der **Gesundheitsgarten**. Dieser Heilpflanzen-, Duft- und Kräutergarten entstand mit Unterstützung der Landesapothekerkammer Brandenburg und soll eine Oase der Ruhe inmitten des Ausstellungstreibens werden. Der rechteckige Raum ist von außen nicht einsehbar. Er wird mit zwei Meter hohen Segeltüchern gerahmt, damit die Düfte und Aromastoffe im Garten eingefangen werden und nicht verströmen können.

Die rasterförmige Unterteilung der Beetfläche bietet die Voraussetzung für eine indikationsbezogene Präsentation der Heilpflanzen. Die verschiedenen Wirkstoffgruppen werden dabei unterschiedlichen Organen und Körperteilen zugeordnet. Trotz aller Systematik wurde auf die ästhetische Komposition der Pflanzengruppen besonderer Wert gelegt. Das Zentrum des Gesundheitsgartens ist Pflanzen vorbehalten, die speziell die Sinne Sehen, Riechen und Tasten ansprechen. Zwischen den einzelnen Beeten ist noch Platz genug, um beim Sonnenbad auf einer der acht komfortablen Liegen die Pflanzendüfte in sich aufzunehmen.

Im Eingangsbereich und dem Umgang zwischen innerem Gartenraum und den rahmenden Weidenkissen werden in Vitrinen und auf Sockeln verschiedene Exponate präsentiert. Hier sollen auch Automaten aufgestellt werden, die auf Knopfdruck einige der gesundheitsfördernden pflanzlichen Produkte herausgeben.

Herta Simon

FELDFLUR

Das Erlebnis Natur

Die Feldflur
Das Erlebnis Natur

Diethild Kornhardt

In aller Kürze

Die rekonstruierte Lennésche **Feldflur**, die neu geschaffene Modellkleingartenanlage an der Kirschallee und der **Foerster-Garten** präsentieren sich als außergewöhnliche Programmpunkte im Rahmen der Bundesgartenschau Potsdam 2001.

Sie verlassen den BUGA-Park am Ausgang West (Kirschallee); dort liegen Informationsmaterialien für Sie bereit. Servicepersonal steht als ständiger Ansprechpartner zur Verfügung. Angemeldete Führungen starten von diesem Punkt. Nach ca. 250 m erreichen Sie die Kirschallee. Vor Ihnen liegt die Bornstedter Feldflur.

Empfehlung: Folgen Sie der Eingangsachse, zweigen Sie an der zentralen Nord-Süd-Achse nach Süden zum Aussichtspunkt Birnenweg ab und genießen Sie den Überblick über die rekonstruierte Bornstedter Feldflur. Anschließend besuchen Sie die Modellkleingartenanlage. Abschließender Höhepunkt des längeren Rundgangs bildet die Besichtigung des Foerster-Gartens. Die Gesamtwegstrecke von ca. 2 km ist bis zum Foerster-Garten zu Fuß oder per Fahrad zu bewältigen.
Der Rückweg kann auch durch öffentliche Verkehrsmittel, in Kombination von Bus 692 und Straßenbahn ab Endhaltestelle Kirschallee, eingeplant werden.

Tipp: Rundweg Lennésche Feldflur.
Für die Erkundung der vielfältigen Landschaftsgestaltungsmaßnahmen, die im Zuge des Flurbereinigungsverfahrens realisiert wurden, empfielt sich eine Rundtour (ca. 5 km) über die Lindenallee zum Gut Bornim und zurück. Als Ausgangspunkt bietet sich der Ausgang Nord des BUGA-Parks an.

Tipp: Spaziergang auf den Spuren von Lenné

BUGA Potsdam 2001 GmbH und Entwicklungsträger Bornstedter Feld in Zusammenarbeit mit dem Amt für Flurneuordnung und ländliche Entwicklung.

Die in der Mitte des 19. Jahrhunderts von Peter Joseph Lenné gestaltete Feldflur im Norden Potsdams, die sich bis zu dem zentralen BUGA-Park erstreckt, hat unter der landwirtschaftlichen DDR-Großproduktion sehr gelitten. Das Amt für Flurneuordnung und ländliche Entwicklung in Brieselang hat in einem Flurneuordnungsverfahren die Landschaft im Lennéschen Sinne rekonstruiert. Unter der fachkundigen Führung des ehemaligen Amtsleiters Dr. Bernd Scharff findet ab dem 28. April jeden Sonnabend ein ca. 2stündiger Spaziergang durch die Feldflur statt.
Treffpunkt: Feldflur (Aussichtspunkt am Birnenweg)
Dauer: ca. 2 Stunden
Termine: zwischen 28. April und 6. Oktober jeden Sa, jeweils 10 Uhr

Grenzallee
Kirschallee
Birnenweg
Apfelweg
Verlängerte Amtsstraße
Förster-Garten
Am Raubfang
Amundsenstr.
Amtsstr.
Feldflur
Modell-
Kleingärten
Orville-Wright-Str.
Paul-Engelhard-Str.
H.-Mattern-Promena
Melchior-Bauer-Str.
Kirschallee
Erwin-Barth-Str.
Thaerstr.
Habichtweg
Hannes-
Meyer-Str.
Erich-Mendelsohn-Allee
Alexander-Klein-Str.
Str.
H.-Meyer-S
P.-Behrens-Str.
L.-Boltzmann-Str.
Gilly-
David-
Charles-
Tellier-Platz
Thaerstr.
Potsdamer Str.
692
Schulplatz
92 95
Kirschallee
Johan-
Bouman-
Platz
Pappelallee
Blumenstraße
Bornstedt
Ruinenberg
Katharinenholzstraße
Grabenstr.
Eichenallee
Bornstedter
Friedhof
Ribbeckstr.
Born-
stedter
See
Krongut
Bornstedt
Bornstedter Str.
An der
Einsiedelei
Voltairew
Am Drachenberg
Drachenhaus
Drachenhaus
695
Botanischer
Garten
Orangerie
An der Orangerie
Historische
Mühle
Schloß Sanssouci
Schloss
Sanssouci

Das Gesamtkunstwerk Potsdam

Die Stadt Potsdam ist berühmt durch ihre glanzvollen Schlösser, die herrschaftlichen Parkanlagen und die reizvolle Seen- und Flusslandschaft. Mit dem großen Kurfürsten Friedrich Wilhelm begann Mitte des 17. Jahrhunderts der Aufstieg des unbedeutenden Ortes an der Havel zur **preußischen Residenzstadt**. Seinen glanzvollen Höhepunkt entwickelte Potsdam unter Friedrich Wilhelm IV. im 19. Jahrhundert, mit seinem Hofgärtner und Baumeistern Lenné, Persius und Schinkel. **P. J. Lenné** entwickelte die Vision, ein umfassendes gartenkünstlerisch-architektonisches **Gesamtkunstwerk** zu schaffen. Potsdam und seine Umgebung wurden einer Verschönerung unterzogen; die Planungen Lennés unterlagen dabei keinen räumlichen Grenzen und bezogen auch die umgebenden Landwirtschaftsflächen mit ein. Ein Parkgürtel um die Insel Potsdam anzulegen, der durch keine Abgrenzungen beengt wird, war Leitbild des Handelns. Gerade diese Denk- und Handlungsweise hat der Potsdamer Kulturlandschaft zu Weltruhm verholfen. Unter Lennés Wirken entstand ein System von miteinander verbundenen Landschaftsgärten, grünen Wegebeziehungen und markanten Bauten, die die Landschaft wie ein Gewebe durchflechten.

Feldflur
Auch Lennésche oder Bornimer Feldflur genannt

Bornimer Feldflur
Eine gelungene Rekonstruktion

Die Stadtentwicklung Potsdams war aufgrund der ganzheitlichen Verschönerungsvision damit lange Zeit durch ein harmonisches Ineinandergreifen von Siedlungs- und Freiflächenentwicklung gekennzeichnet. Mit dem Konzept zur BUGA wurde die Chance ergriffen, diesen – heute noch außergewöhnlichen und immer noch fortschrittlichen – Denkansatz wiederzubeleben. Als traditionsreicher und gefeierter Ort europäischer Gartenkunst hat Potsdam die besondere Verpflichtung zu erfüllen, den Blick nicht nur auf die glanzvolle Vergangenheit zu richten, sondern mit spannenden innovativen Projekten wieder eine führende Position in der Gartenkunst und Landschaftsarchitektur einzunehmen.

Die Feldflur ist als BUGA-Kulisse sicherlich der ungewöhnlichste Ausstellungsort, denn erstmalig werden landwirtschaftlich genutzte Flächen in eine BUGA einbezogen. Dabei handelt es sich um die sogenannte Lennésche (Bornimer)

Feldflur, die der berühmte Gartengestalter Peter Josef Lenné Mitte des 19. Jahrhunderts mit umfassenden Verschönerungsmaßnahmen überzog.

Die Lennésche Feldflur

Die Planung Lennés für die Bornimer Feldflur waren von seinem Wunsch geprägt, mit der Vision des landschaftlichen Gesamtkunstwerkes nicht in den landwirtschaftlich genutzten Gebieten halt zu machen. Schon im »Verschönerungsplan der Umgebung von Potsdam« von 1833 zeigt sich seine Absicht, auch landwirtschaftliche Zonen zwischen den Parkanlagen zu gestalten. Die künstlerische Gestaltung dieser Flächen war für Lenné jedoch kein Selbstzweck. In seiner unbekannteren Rolle als bedeutender Landwirtschaftsreformer war für ihn die Förderung der ökonomischen Leistungsfähigkeit der Potsdamer Landwirtschaft gleichrangiges Ziel neben der landschaftskünstlerischen Gestaltung.

Ab 1844 nahm die Umgestaltung der Bornimer Feldflur Gesicht an. Zahlreiche Gehölzgruppen, sogenannte Remisen, wurden insbesondere auf kahlen Hügeln gepflanzt und boten dem Vieh Unterschlupf. In Nord-Süd-Richtung neu angelegte Hecken an den Rändern der Felder schützten die Ackerflächen dauerhaft vor Austrocknung. Dem größten Problem der Landbewirtschaftung in der Potsdamer Umgebung – der Winderosion der Sandböden durch starke westliche Winde – konnte somit Einhalt geboten werden. Alleen markierten Wege und boten Schatten, Baumgruppen entwickelten sich zu Landmarken. Prinzipien des heutigen ökologischen Denkens und Handelns in der Landwirtschaft wurden somit schon vor mehr als 100 Jahren eingesetzt.

Die “aufgeschmückte” Bornimer Feldflur hatte ca. 100 Jahre Bestand. Erst mit fortschreitender Rationalisierung der Landwirtschaft nach 1960 im Rahmen der in der DDR eingeführten landwirtschaftliche Großproduktion wurde sie zunehmend als wertlos erachtet. Im Zuge der Bodenreform wurden

viele Hecken und Alleen beseitigt und die kleinteilige Feldflur durch Neuordnung der Eigentumsverhältnisse zu großen Schlägen zusammengefasst. Die Intensivierung des Obstanbaus in der Potsdamer Umgebung Ende der 70er- und in den 80er-Jahren führte zu einer weiteren Überformung der Bornimer Feldflur. Nur wenige Hecken und Remisenwäldchen verblieben als Relikte. Die Bornimer Feldflur gilt dennoch als elementarer Bestandteil der Potsdamer Kulturlandschaft und als herausragendes Beispiel einer Landesverschönerung des 19. Jahrhunderts.

Die Ende 1995 getroffene Entscheidung zur Durchführung der BUGA 2001 in Potsdam war auch Motor für die Initiierung eines Flurneuordnungsverfahrens als Schlüsselinstrument für die Rekonstruktion der Lennéschen Feldflur. Ziel dieses Flurbereinigungsverfahrens war, in der ca. 900 ha großen Bornimer Feldflur – angelehnt an die historische Planung, aber auf heutigen Methoden der Bewirtschaftung ausgerichtet, die historische Landschaftsstruktur mit Hecken, Alleen, Remisen und alten Wegeverbindungen wieder herzustellen. Ziel war es, bis zur BUGA-Eröffnung große Teile der historischen Grundstruktur wieder sichtbar zu machen.

Im ersten Bauabschnitt zwischen 1997 und 2001 wurden folgende Maßnahmen durchgeführt:

Rekonstruktion von ca. 19 km Wegen: Vorhandene, bisher unzureichend befestigte Wege wurden ausgebaut und historische Wege, die nicht mehr vorhanden waren, wieder angelegt. Die multifunktionalen Wege erschließen als landwirtschaftliche Wirtschaftswege sowie als kombinierte Rad- und Fußwege die Feldflur.

Landschaftliche Gestaltung der Lennéschen Kulturlandschaft: Ziel dieser Maßnahmen war die weitestgehende Wiederherstellung von Alleen, Baumreihen, Feldgehölzen, Hecken und Remisen, angelehnt an die von Lenné vorgesehenen Dimensionen und unter Berücksichtigung historischer Sichtachsen. Zur BUGA 2001 wurden:

13 km Wege neu mit Bäumen bepflanzt,
7,7 km Gehölzhecken angelegt
4 ha Remisen wieder hergestellt und
ca. 250 Einzelbäume und Baumgruppen gepflanzt.

Als prägendste landschaftliche und wegebauliche Maßnahme des Flurbereinigungsverfahrens präsentiert sich die rekonstruierte **Lindenallee**, die als Rückgrat die Lennésche Feldflur weitläufig durchzieht.

Bellevues: Auf mehreren nicht bewaldeten Anhöhen wurden im Zuge des Flurbereinigungsverfahrens „Bellevues" angelegt, um attraktive Aussichten über die wieder hergestellte Feldflur zu ermöglichen.

Der gestalterisch markanteste Aussichtspunkt befindet sich am Ende des Birnenweges als Auftakt zur Bornstedter Feldflur in ca. 700 m fußläufiger Entfernung vom BUGA-Park – Ausgang West. Die sich terrassenförmig in das Gelände hineinschiebende Anhöhe lädt mit einer durch Sitzmauern gefassten Platzfläche und abfallenden Wiesenterrassen zum längeren Verweilen ein. Von hier aus bietet sich dem Besucher ein erster Überblick über die neu gestaltete Feldflur.

Ein Höhepunkt der landschaftlichen Gestaltung ist der Bereich der ehemaligen **Hofanlage der Gutsanlage Bornim**. Die Gebäude des Gutes wurden 1844/45 nach Entwürfen des Architekten Ludwig Persius als königliches Mustergut angelegt.

Da insbesondere die nähere Umgebung von Sanssouci mit den Feldfluren von Bornstedt, Bornim und Eiche bei der Verschönerung Vorrang hatte, wurde von Friedrich Wilhelm IV. ein Standort inmitten der Feldflur ausgewählt.

Die Amtsgebäude präsentierten sich als italienische Villa, der Turm als Reminiszenz an italienische Dorfkirchen als Campanile, so dass das Ensemble wie viele andere Potsdamer Bauwerke die zeittypische Italiensehnsucht beschwor.

Ab 1919 wurde die Gutsanlage als landwirtschaftliche Forschungsanstalt genutzt. 1945 wird diese Hofanlage durch die Rote Armee in Brand gesetzt. Als letztes Zeugnis der Gutsanlage ist der **Turm des Herrenhauses** (**Persiusturm**) noch erhalten, der als Landmarke von weither zu erkennen ist.

Das ehemalige Herrenhaus war umgeben von ausgedehnten Gartenanlagen, die auf Hermann Sello, einen Mitarbeiter Lennés, zurückgehen. Den Übergang zur Feldflur bilden geometrisch angelegte Obst- und Gemüsegärten und eine **Maulbeerplantage**.

Heute ist im Bereich der ehemaligen Gutsanlage der **historische Obst- und Gemüsegarten** wieder eindrucksvoll zu besichtigen sowie der rekonstruierte Persiusturm. Der Rückbau von ca. 25 nicht mehr genutzten Wirtschaftsgebäuden war Voraussetzung für die Rekonstruktion des Gartens.

Durch die Einbeziehung der Feldflur in das BUGA-Konzept stellt sich Potsdam bewusst seiner herausragenden Rolle in der Tradition der Landesverschönerung. Die im Zuge des Flurbereinigungsverfahrens durchgeführten Maßnahmen bilden das Grundgerüst der Gestaltung der BUGA 2001 und waren die Voraussetzung für die Erreichbarkeit zweier weiterer Höhepunkte des BUGA-Programms: der rekonstruierte Foerster-Garten und die bundesweit erste, neu erbaute Modellkleingartenanlage.

Modellkleingartenanlage Kirschallee

Zweites Teilprojekt der Feldflur ist die Ausstellung einer Modellkleingartenanlage an der Kirschallee. Das Thema Kleingärten wird nicht – wie bei allen vorausgegangen Bundesgartenschauen – auf die Ausstellung einzelner temporärer Musterkleingärten im BUGA-Park beschränkt, sondern es wird eine neu geschaffene Kleingartenanlage vorgestellt und mit zukunftweisenden Gestaltungsprinzipien präsentiert.

Ausgangspunkt der Planung war der in Potsdam im Zuge städtebaulicher Entwicklungsplanungen hohe Bedarf nach neuen Ersatzkleingartenflächen (durch Inanspruchnahme von bestehenden Kleingärten für bauliche Zwecke). Die am Rande der Bornstedter Feldflur ausgewiesene Fläche am Siedlungsrand des Ortsteils Bornstedt bot sich als Ersatzfläche an.

Die Entwicklung einer Gestaltungsidee für die Modellkleingartenanlage war Teilaufgabe im landschaftsplanerisch-künstlerischen Einladungswettbewerb Bornstedter Feldflur. Die Wettbewerbsvorgaben zur Entwicklung der ca. 5,4 ha großen Kleingartenanlage sind auf eine Vielzahl von bundesweit repräsentativen Umfragen zurückzuführen. Ergebnis: Die Ansprüche an Kleingärten haben sich durch veränderte Bevölkerungsstrukturen und Veränderungen im Freizeitverhalten der Bevölkerung stark verschoben.

Danach erklären immer mehr junge Leute, Studenten, Kindergartengruppen und Schulklassen ihr Interesse an einem Kleingarten auf Zeit. Bei der Bewirtschaftungsart wird ein möglichst großer Spielraum gewünscht. Ältere Menschen fordern, orientiert an ihren individuellen Bedürfnissen, mehr Flexibilität bei Größe und Ausstattung der Kleingärten sowie bei der Bewirtschaftung. Damit steht bei allen Nutzergruppen der Wunsch nach bedarfsorientierten, flexiblen Parzellengrößen an erster Stelle, gefolgt von der Forderung eines flexiblen Einsatz von Lauben. Von der Allgemeinheit wird eine ständige Zugänglichkeit der Anlagen sowie die Integration von öffentlich nutzbaren Grünflächen gefordert.

Kennzeichnend für die Anlage sind größere Parzelleneinheiten, die durch Hecken eingefasst werden und jederzeit in flexible Parzellengrößen unterteilt werden können, ein großer Anteil nutzbarer öffentlicher Grünflächen sowie die Berücksichtigung ökologischer Aspekte durch eine vielfältige Bepflanzung. Die angebotenen unterschiedlich großen Garteneinheiten werden wechselnden Ansprüchen verschiedener Nutzergruppen dauerhaft gerecht.

OFFENER ZUSTAND
Alle Klappen sind geöffnet und die Laube wird zum Teil des Gartens

Gegliedert ist die Anlage durch großzügige, öffentlich nutzbare Obstwiesen zwischen den Parzellenreihen und einer ökologischen standortgerechten Feldgehölzbepflanzung an der rückwärtigen Parzellenbegrenzung. Die Streuobstwiesen öffnen sich zur Feldflur und laden Kleingärtner und Erholungssuchende zu ruhigem Verweilen, Spiel, Festen oder im Herbst zur Obsternte ein.

Ein moderner Kinderspielplatz rundet die Nutzbarkeit auch für "Nicht-Kleingärtner" ab. Als "wilde" Biotopflächen werden sie vor allem Kinder dazu animieren, sich den Raum anzueignen und die Natur zu entdecken.

Auf Grund des Modellcharakters wurde die Anlage der Wege, der technischen Infrastruktur, der Pflanzungen der

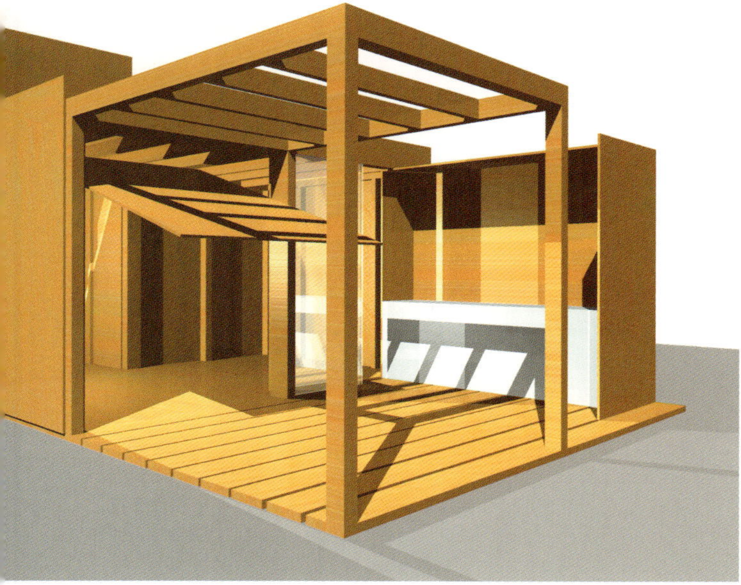

Obstwiesen und Feldgehölze durch das Ministerium für Landwirtschaft, Umweltschutz und Raumordnung des Landes Brandenburg durch Fördermittel finanziert.

Die Belegung der Kleingartenanlage erfolgt seit Frühjahr 2001. Um verstärkt neue Nutzergruppen, wie Studenten, Schulklassen, Pächtergruppen, für die Anlage zu gewinnen, wurde auch bei der Verpachtung der Anlage ein neuer Weg beschritten. Ca. 2/3 der Anlage werden vom städtischen Kleingartenverband angepachtet. 1/3 der Anlage vom Kreisverband Potsdam Mittelmark des Bundes Umwelt- und Naturschutz Deutschland (BUND), dessen Schwerpunkt auf der Realisierung ökologischer und sozialpolitischer Aspekte in der Anlage liegt.

Aufgabenstellung war unter Integration von Aspekten zu ökologischem Bauen, ausführungsreife Laubenmodelle

zu entwickeln, die in variablen Größen gebaut werden können und flexibel in der Ausstattung und Gestaltung sind.
Sie sollten an unterschiedliche Anforderungen und Bedürfnisse der Nutzer angepasst werden können. Angedacht war daher ein Modul-/Baukastensystem zu entwickeln, das bis zu einer maximalen Größe von 24 qm über das Grundsystem hinaus eine variable Gestaltung umsetzt. Es sollten unterschiedliche Nutzertypen aus 1 bis 4 Modulen – vom Geräteschuppen bis zu einer Laube mit Eingang für vorübergehenden Aufenthalt (kein Dauerwohnen) – aufgezeigt werden.

Prinzip war es, ein System zu erarbeiten, das Anpassungen an die vorgesehene Parzellennutzung und die individuellen Gestaltungsbedürfnisse zulässt. Der Entwurf zeichnet sich durch 4 Module aus, die sowohl frei kombinierbar zu einem Laubengebäude sind sowie auch als Einzelbausteine verwendet werden können. Neben dem Grundmodul von 11 qm Fläche, das ein Nutzungsspektrum vom Geräteschuppen bis hin zum Wohnraum mit Küchenzeile aufweist, ist der gestalterisch prägnanteste Einzelbaustein das 3,90 m hohe Geräteregal. Es kann als Hochbett oder Lager genutzt werden. Zwei weitere Erweiterungsmodule können in Form von Neben-, Abstell- oder Vorratsräumen, Terrassen und Pergolen angebaut werden.

Die Planung der Laube wird vor dem Hintergrund, dass der Laubentyp in der Kleingartenanlage durchgängig verwendet werden soll, zur Zeit im Hinblick auf Haltbarkeit und Funktionalität im Verhältnis zu den Herstellungskosten optimiert. Darüber hinaus wird im Zuge einer von der Bundesstiftung Umwelt geförderte Machbarkeitsstudie geprüft, in wieweit anstelle eines Vereinsheimes ein bundesweites Informationszentrum für ein innovatives, zeitgemäßes Kleingartenwesen in der Modellkleingartenanlage realisiert werden kann.

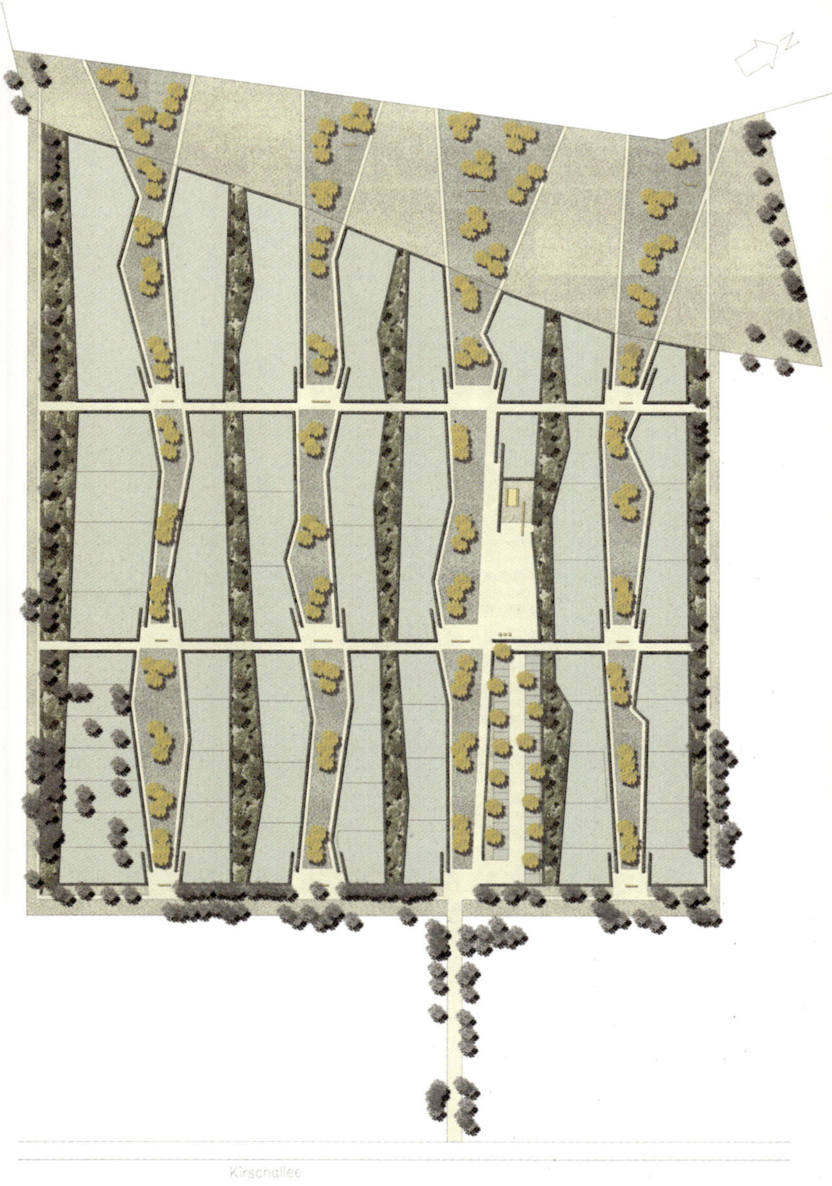

Modellkleingartenanlage
Aufsicht/ Simulation

Der Foerster-Garten

Ein Garten der Erinnerung

Martin Heisig

Nach dem Besuch der Feldflur verlassen Sie das Gelände im Südosten und gelangen in dieses **Gartendenkmal**, dessen Hauptthema die Präsentation winterharter Stauden ist.

Karl Foerster lebte von 1874–1970. Er machte den Potsdamer Ortsteil Bornim als »Worpswede der Gartengestalter« bekannt. Gilt als bedeutender **Staudenzüchter**, **Gartenpoet** und **Gartenphilosoph**. Prägte das Zusammenspiel von Gartenarchitektur, Natursteinen und einer miteinander sprechenden Pflanzenwelt.

Das 0,6 Hektar große Gelände um das Wohnhaus herum (hier lebt heute seine Tochter) wurde 1912 als Schau- und Versuchsfläche angelegt und mehrmals umgestaltet. Seit 1981 unter Denkmalschutz. Berühmt sind der Senk-garten, der Frühlingsweg und der Steingarten der sieben Jahreszeiten.

Buch
Ein Garten der Erinnerung, 4. Auflage 2001
ISBN 3-928119-65-6, L&H Verlag

Öffnungszeiten und Führungen
Von April bis Oktober täglich von 9–19 Uhr geöffnet.
Gruppenführungen bitte über Potsdam Tourismus GmbH (Tel. 03 31/ 2 75 58 50) anmelden (Dauer ca. 1,5 Std.)
Einzelgäste: Do und Sa, jeweils 17 Uhr, Führung ca. 1 Std., DM 6,–/ 4,–. Max. 30 Teilnehmer, Anmeldung nicht erforderlich. Die Führungen durch das Gartendenkmal und die Gärtnerei können separat wie folgt gebucht werden:

Gartendenkmal Mo–Sa 10 und 14 Uhr, So 10 Uhr. DM 6,–/4,–
Gärtnerei Mo–Sa 11 und 15 Uhr, So 11 Uhr. Kostenfrei.
Anmeldungen für Gruppenführungen: Tel. 03 31/ 52 02 94
Verkauf Gärtnerei Mo–Sa 9–19 Uhr, So 11–14 Uhr
E-Mail Info@foersterstauden.de
Foerster-Garten Tel. 03 31/ 52 09 36

Karl Foerster legte stets großen Wert darauf, dass sein Bornimer Garten jedem interessierten Besucher offen stand. Marianne Foerster, seine heute hier lebende Tochter, führt diese Tradition fort.

Aus Mitteln des Ministeriums für Landwirtschaft, Umwelt und Raumordnung des Landes Brandenburg flossen ca. eine Million Mark in die Aufwertung und Wiederherstellung des Gartendenkmals. Jetzt präsentiert sich das einzigartige Kulturdenkmal den Pflanzenliebhabern wieder in voller Blüte.

Anfahrt

Die Benutzung öffentlicher Verkehrsmittel ist ratsam. Ab Potsdam Hauptbahnhof mit den Bussen 612, 614, 650 direkt oder Straßenbahn 92 (bis Endhaltestelle Kirschallee) und weiter mit dem Bus 692 (Richtung *Institut für Agrartechnik*) bis zur Haltestelle Amundsenstr./ Potsdamer Str. Von dort noch 5 Minuten Fußweg. Ab Platz der Einheit mit der Straßenbahn 95 (bis Endhaltestelle Kirschallee) und Bus 692.

Der größte Teil der Anlage ist nicht behindertengerecht, Rollstuhlfahrer können nur die äußeren, breiten Wege befahren.

Foerster-Garten, Am Raubfang 6, D-14469 Potsdam-Bornim

Wohnhaus
Zentraler Punkt des Gartendenkmals

Seit 1912 entstanden durch den großen Staudengärtner, Gartenpoeten und Gartenphilosophen Karl Foerster (1874–1970) Gartenwelten, die den Potsdamer Ortsteil Bornim weltbekannt machten. Der Foerster-Garten ist heute Anziehungspunkt für Gartenfreunde gleichermaßen wie für die internationale Fachwelt.

Das Gartendenkmal, dessen Hauptthema die Präsentation **winterharter Blütenstauden** ist, umfasst heute die Gartenteile **Senkgarten**, **Frühlingsweg**, **Herbstbeet** und **Steingarten**, die um das zentral stehende Haus angeordnet sind. Die Anlage ist heute ein Schau- und Lehrgarten der Gartenkultur, für Karl Foerster war sie ein Studien- und Versuchsgarten. Nach wie vor kann hier jedoch der Zusammenhang zwischen der Anzucht der Stauden mit den blühenden Feldern der Staudengärtnerei und der gestalteten Stauden- und Gehölzpflanzung im eigentlichen Garten erlebt werden. Es ist wohl kein Zufall, dass sich Karl Foerster hier angesiedelt hat, am Rande der Feldflur, die Peter Joseph Lenné im 19. Jahrhundert gestaltete. Gegenüber dem Gartentor stehen die alten Eichen der **Remise Raubfang**, ein Waldstück, in dem sich früher das Vieh unterstellen konnte.

Wenn man den Garten betritt, liegt gleich links der **Frühlingsweg** mit seinem Blühhöhepunkt von März bis Mai. Stauden wie Adonisröschen, Küchenschelle, Anemone, Blaukissen, Schnee- und Christrose, Primel u. v .m.; Gehölze wie Kornelkirsche, duftender Winterschneeball, Seidelbast, Azaleen u. v. m. sowie Zwiebel- und Knollenpflanzen wie Krokus, Tulpen, Lerchensporn, Narzissen u. v. m. prägen diesen Gartenteil. Nach der Hälfte des Weges bildet die Steinbank den gestalterischen Abschluss der Querachse des Senkgartens.

Aus dem Frühlingsweg heraustretend, steht man vor dem **Herbstbeet**, dessen Blühhöhepunkt von September bis in den November reicht. Unter den Ahornbäumen versammeln sich die Astern und Chrysanthemen, aber beispielsweise auch Silberkerzen und verschiedene dekorative Gräser sowie Zwiebelpflanzen wie die Herbstzeitlosen sind hier zu entdecken und leiten allmählich zum Steingarten hinüber.

Dieser **Steingarten der sieben Jahreszeiten** wurde so konzipiert, dass man ihn wie einen Blühkalender durchwandert und dabei vom Vorfrühling, über den Frühling, Frühsommer, Sommer, Herbst, Spätherbst bis hin zum Winter die jeweiligen Blühhöhepunkte der Klein- und Steingartenstauden erleben kann. Der Weg führt dabei auch am wieder gefundenen Wasserloch (wie Karl Foerster es nannte) vorbei, einem kleinen bewachsenen Wasserbecken am tiefsten Punkt im Mai-Bereich. Heute, wieder hergestellt, zeigt es diese Partie wie vor langer Zeit, was ein historisches Foto belegt.

Die Wege im Inneren des Steingartens, der von reifen, 90 Jahre alten Gehölzen gerahmt wird, besitzen durch die bewegte Topographie häufig den Charakter von Hohlwegen. In Verbindung mit den markanten Kalksteinformationen in diesem Teil des Gartendenkmals kann der Besucher deshalb oft nahe an die einzelne Pflanze bzw. Blüte heranreichen und so Einzelheiten oder auch ihren Duft wahrnehmen. Im Herbstbereich des Steingartens öffnet sich die Gehölzfassung, und ein Ausblick über die Mutterpflanzenfelder der Staudengärtnerei vor dem Hintergrund der leicht bewegten Feldflur mit

LEGENDE

Gebäude	Staudenfläche
Baum / Bestand	Rasenfläche
Baum / Planung	Sonstige Grünfläche
Strauch / Bestand	Trockenmauer (Naturkalkstein)
Strauch / Planung	Steinformationen
Hecke / Bestand	Stufen / Einfassungen (Naturkalkstein)
Hecke / Planung	Stufen / Einfassungen (Buntsandstein)

Pflanzplanung FPB

Der Foerster-Garten

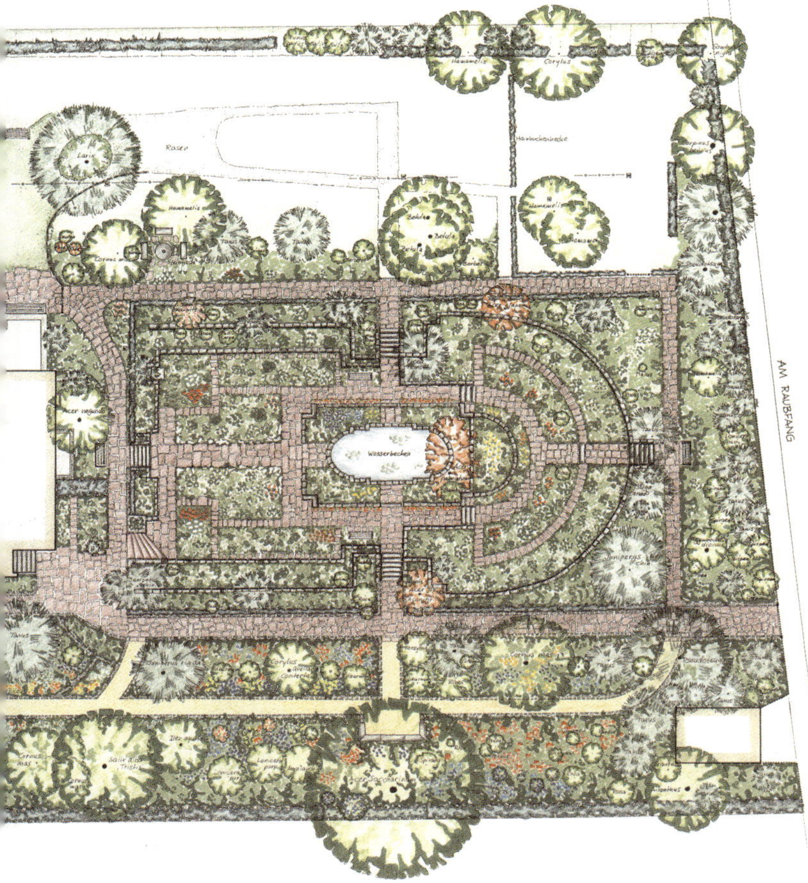

- Rampe (Naturkalkstein)
- Wegebelag (Buntsandstein)
- Wassergeb. Wegebelag (Glienicker Decke)
- Trittplatten (Buntsandstein)
- Steinbank (Naturkalkstein)
- Holzbank
- Sitzgruppe / Bestand
- Holzzaun / -tor
- Wasserbecken
- "Wasserloch"
- Standhahn / Wasserleitung
- Gartenbeleuchtung
- Absperrpfosten mit Ketten

ihren Hecken und Alleen ist möglich. Der Spätherbst- und Winterbereich wird u. a. von vielen Farnen geprägt – weshalb dieser Abschnitt auch **Farnschlucht** genannt wird.

Zurück auf dem **Hauptweg**, vorbei an der Beetstaudenrabatte, die den Garten von der Gärtnerei absetzt, erreicht man wieder das Haus. Beachtenswert ist die reich mit Kletter- und Schlingpflanzen unterschiedlichster Arten bewachsene **Fassade** der Villa. Vor dem Haus angekommen, überblickt man dann den durch viele Publikationen berühmt gewordenen **Senkgarten**, in dessen Mitte das Wasserbecken liegt und den abgesenkten Eindruck optisch noch verstärkt.

Ursprünglich als Böschungsgarten gestaltet, wurde er in den 30er-Jahren von Hermann Mattern in einen architektonischen, mit Trockenmauern gefassten Gartenteil umgewandelt.

Vom Haus, aber auch von den seitlichen, vorgeschobenen Podesten aus übersieht man den gesamten Gartenteil, ehe man in ihn hinabsteigt. Dann sind auch Pflanzendetails erlebbar, die dem Besucher auf den erhöhten Beeten oberhalb der Trockenmauern nahe gebracht werden.

In diesem Gartenteil blühen die zahllosen Pracht- oder Beetstauden, darunter viele der Rittersporn-, Phlox- und Sonnenbrautsorten, denen Karl Foerster einen großen Teil seiner langjährigen Züchtungsarbeit widmete. Auch heute werden hier neue Staudenarten und -sorten auf ihre Gartentauglichkeit erprobt. Hauptblütezeit im Senkgarten ist der Sommer und der Herbst.

Auch dieser Teil des Gartendenkmals wird von reifen, überwiegend wintergrünen Gehölzen gerahmt. Hauptgliederungselemente der architektonischen Gartenstruktur sind drei japanische Zierahorn – einer steht am Wasserbecken und die anderen jeweils seitlich auf den oberen Ebenen.
Zum harmonischen Bild tragen seit langem ebenso die großen Doststauden vor dem Wasserbecken und der seitlich stehende Bambus bei. Und auch die zwei Zwergfichten zu beiden

Spätsommer im Senkgarten
1912 als Schau- und Versuchsfläche angelegt.
Seit 1981 unter Denkmalschutz

Seiten des Senkgartens gehören zum Grundgerüst der Gestaltung und sind besonders wichtig für den Winteraspekt.

Mit nur einem Besuch erschließt sich der Reichtum, den wir Karl Foerster verdanken, sicherlich nicht. Deshalb lohnt es sich durchaus, die Anlage zu den verschiedenen Jahreszeiten wiederholt zu besuchen. Außerdem soll ein kurzer Rückblick das Lebenswerk Karl Foersters würdigen:
Als Karl Foerster 1910 hier begann, wollte das Bürgertum in den so genannten Gründerjahren seinen neu erlangten Reichtum zeigen. In den Gärten drückte sich dieses Präsentationsbedürfnis in aufwendigen Teppichbeeten aus, in die vorgezogene blühende Pflanzen gesetzt wurden. Waren sie abgeblüht, wurden sie weggeworfen und durch neue ersetzt – die Pflanze war Farbmaterial.

Hochsommer
In einem der schönsten Gärten Potsdams

Senkgarten
Ursprüngliche Fassung zwischen 1912 und 1930

Auf Grund eines anderen geistigen Umfeldes hatte Karl Foerster jedoch eine andere Pflanzenauffassung. Er stammte aus dem aufgeklärten humanistischen Bürgertum. Sein Vater, der Astronom, wurde von Alexander von Humboldt gefördert. Für Karl Foerster war jede Pflanze ein Individuum. Somit war sein züchterisches Werk darauf ausgerichtet, das Charakteristikum und die innewohnenden Eigenschaften der jeweiligen Pflanze hervorzuheben, ohne aber ihr Wesen zu verändern. Ihm war die ganze Pflanze wichtig, das Zusammenspiel von Erscheinungsbild, Farbe und Duft in ihrer immer wiederkehrenden jahreszeitlichen Abfolge. In diesem Zusammenhang stehen auch seine Bemühungen um widerstandsfähige, ausdauernde und winterharte Stauden bzw. um die Einführung von bei uns gut gedeihenden Wildstauden, Gräsern und Farnen aus allen Landschaften der Welt. Aus diesem Reichtum an Pflanzen kombinierte und züchtete Karl Foerster die Blüh-

Senkgarten
Heutige Gartensituation

höhepunkte gleichzeitig blühender Arten und Sorten.
Ein fünfjähriger »Enttäuschungsfilter« – ein Beobachtungszeitraum, in dem neue Züchtungen und eingeführte Pflanzen auf ihre Eigenschaften überprüft wurden, ehe sie in die Gärten der Kunden gelangten – sicherte dabei die gute Qualität der Pflanzen. Die Stauden sollten möglichst als dauerhafte Pflanzung angelegt werden können.

Aus der Auffassung zur Pflanze resultierte so eine große Vielfalt von Stauden und Gräsern und daraus wiederum neue Gestaltungsmöglichkeiten mit der Pflanze. In Zusammenarbeit mit einem Kreis von Gartengestaltern konnte sich auf dieser Grundlage dann eine neue moderne Gartenauffassung herausbilden, die die Gartenkultur nachhaltig beeinflusste.

WIR ERFÜLLEN IHRE GARTEN-TRÄUME
Unser Wissen und Können, unsere Philosophie erleben Sie auf der Bundesgartenschau 2001. Besuchen Sie den Karl-Foerster-Staudengarten! Wir waren an der Wiederherstellung des Gartendenkmals maßgeblich beteiligt.
BRAUNER
GARTEN-, LANDSCHAFTS- & SPORTPLATZBAU GMBH
Margueritenring 39 · D-12357 Berlin · Telefon: 030/660 605 0 · Telefax: 030/660 605 13
www.brauner-net.de · info@brauner-net.de

Karl Foersters Bemühen war darauf ausgerichtet, Ansprüche und Wesen der Pflanzen zu verstehen, was natürlich Beobachtung und Wissen voraussetzte. Auch der Garten um die Villa am Raubfang hat ihm dabei geholfen, dieses Wissen zu erlangen, das er in 27 Büchern an die Gartenliebhaber weitergab. Seine Bücher wurden immer wieder aufgelegt und vermitteln noch heute neben diesem Wissen die Begeisterung Karl Foersters an der Pflanzenvielfalt und dem Besonderen der einzelnen Pflanze. Diese Begeisterung übertrug sich auf seine Leser, darunter viele Künstler, Architekten und selbstverständlich Gärtner. Und auch das erklärt, warum die Gartenanlage seit langem ein viel besuchter Ort ist.

"Wer Träume verwirklichen will, muss wacher sein und tiefer träumen als andere."

"Wenn ich noch einmal auf die Welt komme, werde ich wieder Gärtner, und das nächste Mal auch noch. Denn für ein einziges Leben ward dieser Beruf zu groß."

Karl Foerster

Historische Innenstadt
Stimmungsvolle Eingänge und Höfe

Die Historische Innenstadt
Rückkehr der Mitte

Bolko Bouché

In aller Kürze

Die BUGA-Kulisse Historische Innenstadt sollten Sie sich zu Fuß erlaufen. Übrigens: das **Holländische Viertel** – sehr sehens- und besuchenswert – ist nicht Bestandteil dieses BUGA-Bereichs. Achten Sie bei Ihrem Spaziergang auf die schön gestalteten **Innenhöfe**.
Höhepunkte eines Rundgangs durch die Historische Innenstadt: der **Alte Markt** mit den archäologischen Grabungen und dem Fortunaportal. Besichtigen Sie die **Nikolaikirche** (häufig umgebaut, stark restauriert) und das **Alte Rathaus** mit Atlas, der die Weltkugel trägt (Ausstellung!).
Potsdams älteste Gartenanlage, der **Lustgarten**, nimmt die Grundstrukturen von Lenné auf. Der **Stadtplatz** und der **neue Lustgarten** zeigen, dass Historie und heutige Ansprüche miteinander vereinbar sind.

Tipp: An der neu gestalteten Anlegestelle an der Langen Brücke nehmen Sie ein Schiff und genießen die einmalige Parklandschaft um **Potsdam vom Wasser** aus!
Der Neue Markt (gut essen und trinken: Ratswaage und Alte Waage) mit Kabinettshaus und Kutschstall ist zu neuem Leben erblüht. Zur BUGA wurde der alte Stadtkanal zum Teil freigelegt. Über den Platz der Einheit und Bassinplatz kommen Sie zur Hegelallee. Sie bildet die Grenze zwischen Alt- und Neustadt. Die Straße mit Promenadencharakter führt Sie vom Nauener Tor (heutige Gestalt von 1867) in Richtung Park Sanssouci zum Luisenplatz – endlich wieder ein grüner Platz (seit 1939 gepflastert!). Das Brandenburger Tor (1770) und das Gebäude der Mittelbrandenburgischen Sparkasse (1836 als Kaserne errichtet) geben dem Platz seinen Charakter.
Empfehlenswert:
die Gastronomiezeile gegenüber dem Brandenburger Tor.

HOLLÄNDISCHES VIERTEL

Blumenmarkt

Historische Innenstadt
Heiliger See
Gotische Bibliothek
Mangerstr.
Am Neuen Garten
von-Suttner-Str.
Palais Lichtenau
Hebbelstr.
Eisenhardtstr.
Bertha-
Behlertstr.
Hans-Thoma-Str.
Kurfürstenstr.
Leiblstr.
Gutenbergstr.
Holländisches Viertel
Benkertstr.
Mittelstr.
Nauener Tor
Friedrich-Ebert-Str.
Reiterweg/ Alleestr.
Rathaus
Stadthaus
692
Reiterweg
Reiterweg/ Jägerallee
695
Voltaireweg
Schlegelstraße
ehem. Kaserne
Helene-Lange-Str.
Brentanoweg
Schlegelstr.
Tieckstr.
Gregor-Mendel-Str.
Jägerallee
Weinbergstr.
Mauerstr.
Jägertor
Hegelallee
Lindenstr.
Dortustr.
Jägerstr.
Obeliskportal
Hegelallee/ Schopenhauerstr.
Schopenha
Haus zum Güldenen Arm
H.-Elflei
Typenhäuser
Branden-burger Str.
90 - 92
Am Bassin
Kirche St. Peter und Paul
Bassinplatz
Französische Kirche
Charlottenstr.
Holzmarktstr.
93 – 94 – 95
Grünes Gitter

Platz der Einheit/Nord
X98–94–96
Dortustr.
Luisenplatz
Brandenburger Tor
Zimmerstr.
Charlottenstr.
Alte Wache
Kleine Gasse
Bäckerstr.
Lindenstr.
Kabarett
Nikolaisaal
W.-Staab-Str.
Ebräer Str.
Platz der Einheit/West
X91
Platz der Einheit
Französische
Posthofstr.
Berliner
Am Kanal
Burgstr.
93–94–95
ehem. Kommandantenhaus
Heilig-Geist-Str.
695
Luisenplatz
Zeppelinstr.
Yorckstr.
ehem. Stadtkanal
Siefert-str.
Am Neuen Markt
Platz der Einheit/Am Kanal
J.-Curie-Str.
Am Alten Markt
Nikolai-Kirche
Burgstr.
KH Altes Rathaus
Spornstr.
Dortustr.
Kutschstall
Schwertfegerg.
Breite Str.
Breite Str./Markt-Center
Potsdam Museum
Langer Stall
Seelenbinderstr.
Alter Markt
HOT Theaterhaus
Freundschaftsinsel
Dampfmaschinenhaus
Schloßstr.
Filmmuseum
H.-v.-Tresckow-Str.
Alte Fahrt
Neue Fahrt
Wall am Kiez
Kiezstr.
Dortustr.
Hoffbauerstr.
Lange Brücke
X91–X93–X98–90–92–96
Neustädter Havelbucht
Am Lustgartenwall
Lustgarten
S Hbf DB/Nord
693
Lange Brücke
S7
DB
S
Untere Planitz
Obere Planitz
Havel
694
695
S Hauptbahnhof DB
693
694–695

Alter Markt – Einst Potsdams schönster Platz

Zur Bundesgartenschau war auf dem Markt eine Kunstinstallation vorgesehen, mit der das ehemalige Stadtschloss und die Platzverhältnisse veranschaulicht werden sollten. Das Projekt scheiterte, weil nicht genügend Geld aufgetrieben werden konnte. Trotzdem hat der »blaue Teppich« die Diskussion um Potsdams historische Stadtmitte neu angefacht. Archäologen graben nach den Zeugnissen vergangener Bebauung. Dazu öffnen sie zunächst zwei Felder von jeweils 20 x 20 Metern Größe. In einer Tiefe von bis zu 2,30 Metern vermuten die Archäologen Zeugnisse einer mittelalterlichen Burg, des Renaissanceschlosses von 1650 und des letzten Stadtschlosses. Dieses erhielt durch Friedrich II. sein Gesicht, der Knobelsdorff als leitenden Architekten mit dem Umbau beauftragte. Auch der Alte Markt und die historische Innenstadt wurden im Auftrag von Friedrich II. neu bebaut. Der Staat gab das Geld für den Ausbau der Garnisonstadt, der König verwirklichte seine architektonischen Intentionen, wobei er sich von internationalen Vorbildern leiten ließ. Der am Stadtschloss gelegene Alte Markt sollte zum bedeutendsten Platz der Stadt gemacht werden. Er erhielt zur Zeit Friedrichs II. jenes Aussehen, das alte Potsdamer aus der Zeit vor 1945 in ihrer Erinnerung bewahrt haben. In 50 Jahren zwischen 1750 und 1800 wurden zahlreiche alte Gebäude durch neue ersetzt. Bald schon stand der Alte Markt in Potsdam in dem Ruf, einer der schönsten Plätze Europas zu sein. Dabei galt die Häuserzeile gegenüber dem Fortunaportal – mit Altem Rathaus und Knobelsdorffhaus – als repräsentativster Teil.

Der Alte Markt war auch historischer Ausgangspunkt für die Besiedlung Potsdams. Die Garnison verlangte nach Wohnraum für die Soldaten und Manufakturwaren für Ausrüstung und Bewaffnung. Die zentrale Bedeutung dieses Platzes wird auch im historischen Straßengrundriss deutlich. Der mächtige, aber fein gegliederte Baukörper des Schlosses war einst Endpunkt der Hauptverkehrsachsen.

Stadtschloss Potsdam
Während des 2. Weltkrieges zerstört,
Ruinen 1959/60 abgetragen

Fortunaportal und Stadtschloss

Der Alte Markt ist Schaustelle Stadtschloss. Dort ist zu sehen, wie der Mittelrisalit des Fortunaportals wieder entsteht. Es bildete einst den Eingang zum Schlosshof. Träger dieses ehrgeizigen Vorhabens ist ein Förderverein. Die Mitglieder wollen mit dem Portal Anstoß für den Wiederaufbau des Stadtschlosses geben. Mehrere hundert Millionen Mark würde dieses Vorhaben kosten, bei dem in einer historischen Fassade ein modernes Gebäude entstehen soll, das beispielsweise als Kongresszentrum genutzt werden kann. Die Stadt Potsdam hat dazu eine Machbarkeitsstudie in Auftrag gegeben. Mit dem Schloss, das immerhin 80 mal 100 m maß, könnte der Alte Markt wieder zu einem belebten Platz werden.

Der Wahl-Potsdamer Günter Jauch und weitere Persönlichkeiten unterstützen das Vorhaben. Der Fernsehmoderator hat wesentlich zum Gelingen des Projekts beigetragen. Jauch gewann den Zentralverband der Deutschen Zementindustrie, den Bau des Fortunaportals mit sieben Millionen Mark maßgeblich zu finanzieren.

Jauch ließ sein privates Wohnhaus am Ufer des Heiligen Sees aus Beton bauen und ist zufrieden damit. Das bekundet er öffentlich und erhielt als Gegenleistung für die Werbung die Spende für das Portal. Das neue Fortunaportal wird nicht aus Beton sein. In traditioneller Weise werden Granit und Sandstein mit Mörtel vermauert.

Das historische Portal wurde durch den Baumeister Jean de Boldt 1700/1701 errichtet, beim Bombenangriff am 14. April 1945 schwer beschädigt und 1959/1960 abgetragen. Es war der erste bedeutende Bau des Barock in Potsdam und zugleich eines der ältesten Gebäude der Stadt. Ab 1750 war die aus der Zeit des Soldatenkönigs Friedrich Wilhelm I. stammende Fachwerkbebauung flächendeckend abgerissen und durch massive Bürgerhäuser ersetzt worden. Diese geschlossene barocke Bebauung macht bis heute den besonderen Reiz der Potsdamer Innenstadt aus.

Nikolaikirche und Altes Rathaus

Die Nikolaikirche und das Alte Rathaus gehören zu den wenigen Gebäuden auf dem Alten Markt, die bei Bombenangriffen und Artilleriegefechten zwar schwer beschädigt worden waren, dann aber ihre alte Schönheit zurückbekamen. Die Nikolaikirche beeindruckt schon allein durch ihre Größe. Der schlichte quadratische Putzbau wird von einer Kuppel gekrönt, die an die bedeutenden Dome in Florenz, Rom, London oder Paris erinnert. Auch ein Blick in den weiten hellen Innenraum lohnt sich. Die Kirche wurde mehrfach verändert und neu gebaut. Eine mittelalterlicher Bau wurde von einer Barockkirche abgelöst, die aber nur 70 Jahre stand

Blick zum Alten Markt
Torhaus auf der Freundschaftsinsel, Nikolaikirche und Altes Rathaus

und im Jahre 1795 ausbrannte. Das heutige Gebäude hatte gleich mehrere bedeutende Baumeister. Zunächst wurde 35 Jahre lang geplant. Dann errichtete Ludwig Persius 1830 bis 1835 den Unterbau, bei dem er sich im Wesentlichen auf die Entwürfe von Karl Friedrich Schinkel stützte. Die von Schinkel projektierte Kuppel wurde jedoch unter Friedrich Wilhelm III. nicht gebaut. Es fehlte am Geld, und an ihre Stelle kam deshalb zunächst ein flaches Satteldach. Erst 1843, inzwischen war Thronfolger Friedrich Wilhelm IV. an der Regierung, konnte die 13 Meter hohe Kuppel aufgesetzt werden. Gleichzeitig erhielt die Kirche ihre vier Ecktürme. Sie waren jetzt für die statische Sicherheit notwendig geworden, denn die Kuppel drückte auf die Seitenwände, und der wuchtige Bau stand auf schwammigem Grund.

Nach schweren Beschädigungen im Krieg wurde die Kirche in mehreren Phasen restauriert. Mit Hilfe von Spenden der Westkirche konnten die meisten Kriegsschäden bis 1981 beseitigt werden. Trotzdem ist der Bau bis heute nicht abgeschlossen, an einer Ecke wird immer repariert. Die Nikolaikirche war traditionell die Hauptpfarrkirche der Stadt. Durch den Verlust der beiden anderen großen evangelischen Kirchen, der Garnison- und der Heiliggeistkirche, hat sie noch an Bedeutung gewonnen. Sie ist heute aber nicht nur Gotteshaus, sondern auch Ort der Künste. Im Jahresverlauf werden eine Vielzahl Konzerte veranstaltet, bei denen renommierte Chöre, Orchester und Solisten geistliche und weltliche Musik zu Gehör bringen.

Vor der Nikolaikirche steht ein 23 Meter hoher Obelisk, der, 1755 errichtet, den Eindruck einer italienischen Piazza vermitteln sollte. Der im Krieg schwer beschädigte Obelisk musste 1969 abgebaut und durch einen neuen ersetzt werden. Statt rötlichem Marmor aus Schlesien und weißem aus Carrara wurde jetzt weißer Marmor aus dem damaligen Jugoslawien und roter aus der Sowjetunion verwendet. Auch die Medaillons im unteren Teil des Obelisks sind nicht mehr original. Während die historische Vorlage den damals gerade regierenden Friedrich II. und seine drei Vorgänger zeigte, sind heute vier bedeutende Baumeister zu sehen: Knobelsdorff, Gontard, Persius und Schinkel.

Beim Alten Rathaus ist der Atlas, der die Weltkugel trägt, der markante Blickfang. Wie durch ein Wunder blieb die Skulptur am Kriegsende auf ihrem Platz, während die Gebäude daneben durch Bombenangriff und Artilleriebeschuss in Trümmer sanken. Die 1777 aufgesetzte Kupferplastik wurde beschädigt, musste heruntergenommen, repariert und neu vergoldet werden.

Es ist aber schon der zweite Atlas, der oben auf dem

Rathaus steht. Die erste Plastik war aus vergoldetem Blei und zierte den neuen Bau nur ganze zwei Jahre. Sie war zu schwer für die Unterkonstruktion und stürzte auf die Straße.

Das Alte Rathaus war für seinen Zweck von Anfang an sehr klein bemessen. Es war zunächst auch nur Sitz des Magistrats. Ein halbes Jahrhundert später wurde, nach den Stein-Hardenbergschen Reformen die Gewaltenteilung durchgesetzt. Nun tagten hier zum ersten Male gewählte Abgeordnete.

Mit dem größer werdenden Verwaltungsapparat mussten immer mehr Ämter in anderen Gebäuden untergebracht werden. Zwischen 1918 und 1945 wurden die Seitenflügel des Stadtschlosses für die Verwaltung und die Abgeordneten genutzt. Das Alte Rathaus war jetzt Sitz der städtischen Finanzverwaltung und der Sparkasse. Das Alte Rathaus und das benachbarte, von Knobelsdorff errichtete Haus werden seit 1966 zusammen als Kulturhaus genutzt.

Lustgarten – Potsdams älteste Gartenanlage

Hinter dem Hotel Mercure liegt Potsdams ältester Garten. Seine heutige Gestalt nimmt die Grundstrukturen von Peter Joseph Lenné auf. Er plante 1819 und 1830 die vom Havelhochwasser in Mitleidenschaft gezogene Anlage neu und ergänzte die Pflanzungen.

Das sandige Landstück an der Havel wurde schon in den Jahrhunderten zuvor als Gartenanlage genutzt. Überliefert ist ein dreieckiger Grundriss aus der Zeit um 1600. Mit der Entwicklung der Residenz wandelte sich der Lustgarten allmählich. Blumen- und Kräuterbeete wurden entlang der Havel angelegt, denen sich westlich ein Obstgarten anschloss. Es war die Zeit der raschen Entwicklung Brandenburgs, die mit dem Edikt von Potsdam an Fahrt gewann. Der Große Kurfürst nahm 1685 zu Tausenden die vor Verfolgung der aus Frankreich fliehenden Hugenotten auf, darunter Gärtnerfamilien wie die Lennés. Das blieb nicht ohne Folgen – auch für die Küche. Mit den Hugenotten kamen Kartoffeln, Spargel, Blumen- und Rosenkohl und auch der Tabak nach Brandenburg. Die Funktion des Nutzgartens wurde durch die des Zier- und Erholungsgartens ergänzt.

Der Bereich des heutigen Stadtplatzes an der Breiten Straße war ab 1714 ein mit Sand bestreuter Exerzierplatz. Soldatenkönig Friedrich Wilhelm I. ließ dafür den locker mit Bäumen bepflanzten Streifen abholzen. Das Schloss trat damit nicht nur in seiner Raumwirkung hervor, zugleich hatte der König auch das Treiben der Truppe gut unter Kontrolle. Vom Fenster seiner Wohnung im ersten Stock des Seitenflügels aus konnte er die Exerzierübungen beobachten. Der Soldatenkönig legte Wert auf unbedingten Gehorsam, Unerschrockenheit und Tapferkeit. Mit Drill und dem Stock, den er immer bei sich führte, suchte der König sein Ziel zu erreichen. Der Stolz von Friedrich Wilhelm I. war seine Riesengarde. Die mindestens 6 Fuß (1,88 m) großen Soldaten wurden aus ganz Europa geholt. Sie waren Geschenke ausländischer Königshäuser, wurden gekauft oder – nicht selten mit List und Tücke – geworben. Gegenüber den einfachen Rekruten besaßen die Langen Kerls gewisse Privilegien, wie das Recht, persönlich beim König vorzusprechen.

Lenné verkleinerte den Exerzierplatz. Er erweiterte den Gartenteil und bezog das Bassin in seine Gestaltung ein. Ein streng gegliederter Baumhain und drei zur Havel führende Alleen wurden durch geschwungene Wege und spielerisch angeordnete Baum- und Strauchgruppen eindrucksvoll kontrastiert. 1846 wurde der Lustgarten in seinem südlichen Bereich von der Magdeburger Eisenbahn beeinträchtigt. Der auch »Romantiker auf dem Thron« genannte Friedrich Wilhelm IV. wehrte sich gegen den Bau. Er musste aber nach zähen Verhandlungen klein beigeben, weil eine andere Trassenführung viel teurer geworden wäre. Damals gab es nur einen niedrigen Damm im Schilf und eine Klappbrücke über die Havel. Erst später wurde die Trasse angehoben. Sie verläuft heute erhöht durch das ganze Stadtgebiet.

Visualisierung Lustgarten
Ein Volkspark mit vielfältigen Nutzungsmöglichkeiten

Vom alten zum neuen Lustgarten

Durch die Bombenangriffe auf Potsdam war auch der Lustgarten schwer in Mitleidenschaft gezogen und in Teilen ganz verwüstet worden. Mit den Bauten der folgenden Jahrzehnte verlor dieser Ort endgültig sein Aussehen. Aus den Trümmern des alten Potsdams wurden 1948 im südlichen Bereich die Wälle für das Ernst-Thälmann-Stadion errichtet. Das war bereits eine Vorentscheidung gegen den Wiederaufbau des Stadtschlosses. Denn das Stadion veränderte nicht nur die Raumwirkung, auch Trümmerteile des Schlosses wurden dort eingebaut.

Bei der Umgestaltung des Lustgartens konnten die Archäologen in den Stadionwällen 1700 Funde aus dem Stadtschloss sicherstellen. Darunter sind Wanddekorationen aus dem Marmorsaal, Oranierfiguren aus dem 17. Jahrhundert, Fragmente der Marmorkamine und Teile der Fassadendekoration.

Durch den Bau des Interhotels, heute Hotel Mercure, wandelte sich das Bild am Havelufer vollends. Der Plattenbau war damals Symbol für die neue Bebauung Potsdams, durch die das alte Zentrum sein Gesicht verlor. Die Zeile »fort mit den Trümmern und was Neues hingebaut« in einem Lied der DDR-Jugendbewegung beschreibt den Geist, der in dieser Zeit vorherrschte. Obwohl die Hotelarchitektur keineswegs überzeugen kann, war der Bau technisch anspruchsvoll: Der 17 Geschoss-Hotelkomplex ruht auf 14 Meter in die Erde getriebenen Betonpfählen.

Stadtplatz

Der neue Lustgarten greift Funktionen des alten auf, ist aber nicht dessen Kopie. Es entstand ein Volkspark mit vielfältigen Nutzungsmöglichkeiten. An der Breiten Straße, gegenüber des Marstalls, befindet sich der befestigte Stadtplatz. Statt für Paraden wird er für Stadtfeste, Messen, Zirkusveranstaltungen oder Konzerte genutzt. Im Boden eingelassene Fontänen versprühen Wasserschleier, die eine optische und akustische Abgrenzung zur viel befahrenen Breiten Straße bilden. Im Süden schließen sich in Lennéscher Tradition streng geometrisch geordnete Baumreihen an. Eine Mittelachse führt in die hinteren, tiefer gelegenen Bereiche, wo es Blumengärten, Erholungsflächen und Sportfelder gibt.

Garten

Der neue Lustgarten gliedert sich in Anlehnung an die Historie in zwei Bereiche: den Stadtplatz mit seinen Baumhainen und den über eine große Freitreppe erreichbaren Gartenteil, der vielfältige Nutzungen zulässt. Anders als in den historischen Parkanlagen Potsdams ist im neuen Lustgarten das Betreten des Rasens durchaus erlaubt. Eingebettet in Grünanlagen findet sich eine kleine Bühne für Konzerte oder Lesungen. Hinter Lingusterhecken versteckt liegen Rückzugsbereiche, es gibt Liegewiesen und Spielflächen, zum Beispiel für Volleyball, Fußball und Tennis. Die einzelnen Teilbereiche sind durch Wege voneinander getrennt. Die eigentlichen Gartenschönheiten, die Rosen, Stauden und Sommerblumen, blühen in kleinen Räumen, die durch unterschiedlich hohe Hecken begrenzt sind. Diese »Gärten im Garten« zeigen jeweils ein bestimmtes Pflanzthema und sind Ausstellungsraum für die Inszenierung von Züchtungen. Damit die Züge nicht allzu sehr stören, wurde der Bahndamm hinter einem Hopfenspalier versteckt.

Der neue Lustgarten entstand ab 1998 in zweijähriger Bauzeit. Mit insgesamt 19 Millionen Mark (einschließlich Rekonstruktion von Havelufern und Anlegestelle) war seine Umgestaltung eines der aufwendigsten innerstädtischen Bauvorhaben. Immer wieder mussten die Arbeiten unterbrochen werden: um sorgsam archäologische Funde freizulegen, wegen des Verdachts auf Bombenfunde oder man stieß überraschend auf Leitungen, die nicht verzeichnet waren.

Neptunbassin und Ringerkolonnade

Das Neptunbassin ist erst seit dem Jahr 2000 wieder freigelegt. Seitdem sind auch Teile der Neptungruppe an ihren ursprünglichen Standort zurückgekehrt. Von den beiden Tritonen (griechische Meeresgötter) war der eine seit den 70er-Jahren am Havelufer in der Nähe der Langen Brücke aufgestellt. Der zweite wurde bei der Freilegung des Beckens gefunden und restauriert. Auch ein großer steinerner Fisch schaut wieder aus dem Wasser.

1962 war das ganze Bassin unter Flusssand verschwunden. Beim Ausbau des Hafens für Ausflugsschiffe wurde damals die südlich der Langen Brücke gelegene Spitze der Freundschaftsinsel abgebaggert und der Sand in das Neptunbassin gepumpt. Anstelle des Bassins entstand ein großer Parkplatz mit Stellflächen für die Gäste des Hotels und der Weißen Flotte.

LUSTGARTEN-VISUALISIERUNG
Rechts die Anlegestelle der Weißen Flotte

LUSTGARTEN-VISUALISIERUNG
Der neue Lustgarten greift alte Funktionen auf

Die Neptungruppe war die eigentliche Attraktion des Bassins und gab ihm seinen Namen. Das Kunstwerk wurde 1746 in Auftrag gegeben, in Blei ausgeführt und vergoldet. Diese erste Neptungruppe hielt dem Wetter nicht lange stand und wurde 1793 durch eine neue aus Sandstein ersetzt. Sie stellte den Meeresgott Neptun mit seiner Gattin Amphitrite im pferdebespannten Wagen dar. In ihrem Gefolge waren zwei Tritonen.

1964 wurden die Figuren abgebaut. Sie sollten zwischengelagert und eigentlich wieder aufgestellt werden. Das geschah jedoch nur mit einem Triton. Die anderen Figuren sind verschollen.

Die Geschichte des Neptunbassins geht weit zurück. Kurfürst Friedrich III. ließ 1700 an der Stelle einen Schiffsanleger für seine Yacht bauen. 50 Jahre später gab es einen neuen Schiffsanleger, und die Verbindung zwischen Havel und dem Bassin konnte gekappt werden. Friedrich II. ließ daraufhin ein ovales Becken anlegen.

Zur Kaiserzeit wusste man das Schöne mit dem Nützlichen zu verbinden. Im Bassin wurden Fische gezüchtet, und man sprach auch vom »Karpfenteich«. Die wohlklingende Bezeichnung »Neptunbassin« hatte es schwer, sich dagegen zu behaupten.

Im stillen Wasser des Neptunbeckens spiegeln sich heute Teile der Ringerkolonnade. Sie bildete ursprünglich die Verbindung zwischen Stadtschloss und dem Marstall und wurde 1970 an den neuen Standort am Havelufer versetzt. Die Ringerkolonnade wurde 1745/46 nach dem Entwurf Knobelsdorffs errichtet. Die Plastiken zeigen Szenen aus Ring- und Fechtkämpfen.

Die Figuren der Kolonnade wurden 1938 neu gehauen und auch vor der Wiederaufstellung 1970 noch einmal rekonstruiert. Trotzdem ist der Sandstein schon wieder stark in Mitleidenschaft genommen. Etwas abseits sind zwei moderne

RINGERKOLONNADE
Teil des neuen Potsdamer Lustgartens

Plastiken zu sehen, die gemeinsam das Liebknecht-Forum bilden. Es besteht aus einer Mosaikenwand, die den Lebensweg von Liebknecht zeigt, und der Plastik »Herz und Flamme der Revolution« des Bildhauers Theo Balden. Karl Liebknecht hatte als SPD-Mann 1912 im Kaiserwahlkreis Potsdam ein Reichstagsmandat errungen, was damals eine Sensation war. 1918 lehnte er die Bewilligung der Kriegskredite ab. Er war Mitbegründer der KPD und wurde 1919 zusammen mit Rosa Luxemburg ermordet. Bis zur Umgestaltung des Lustgartens befand sich das Karl-Liebknecht-Forum an der Breiten Straße und war bis 1989 Kulisse für die Aufmärsche am 1. Mai und 7. Oktober.

Dampferanleger

Im Souterrain des Mercure-Hotels entstand ein neuer Stadtplatz. Der Rückbau der sehr groß bemessenen Hotelterrasse ermöglichte es, den schmalen Uferstreifen zu einem stattlichen Platz aufzuweiten, der mehr ist als ein bloßer Bahnhof für Schiffspassagiere. Der breite Kai eignet sich für Platzkonzerte oder Hafenfeste und bildet einen zweiten attraktiven Zugang zum neuen Lustgarten. Gleichzeitig öffnete sich wieder der Blick vom Schiffsanleger zum Alten Markt mit der Nikolaikirche.

Unterhalb der Hotelterrasse befindet sich das neue Reedereigebäude mit Fahrkartenverkauf, Imbiss sowie Sanitär- und Aufenthaltsräumen. Die Anlegestelle an der Langen Brücke ist der Heimathafen der Potsdamer Weißen Flotte, die auf ihren acht Schiffen jährlich mehr als 180.000 Passagiere zählt. Weitere fünf Reeder machen hier mit ihren Schiffen zu Ausflugsfahrten ins Havelland oder nach Berlin fest.

Blick auf die Lange Brücke
Vorne Dampferanleger, links Freundschaftsinsel und Bahnhof

Für das Anlegen der Linienschiffe müssen sie einen von der Stadt festgelegten Fahrplan beachten. Danach ist geregelt, wie oft die Potsdamer Weiße Flotte, die Berliner Stern- und Kreisschifffahrt und die weiteren Reedereien die Linien bedienen dürfen. Auch für richtige Schiffsreisen ist Potsdam ein Ausgangspunkt. An der Langen Brücke ankern Betreiber von Kabinenschiffen, die Fahrten auf den Wasserstraßen quer durch Europa unternehmen.

Neuer Markt – Vergessenes Kleinod

Der Alte Markt mit dem Schloss wurde vielfach gemalt und von Dichtern beschrieben. Im Vergleich dazu stand der Neue Markt stets im Schatten. Das änderte sich auch in den Jahren nach 1945 nicht. Der Neue Markt überstand den Krieg mit vergleichsweise geringen Schäden, während der Alte Markt in Trümmern lag. Dennoch befand sich der Neue Markt bis vor wenigen Jahren abseits der touristischen Ziele. Holpriges Pflaster, verwitterte Fassaden und fehlende öffentliche Nutzung ließen ihn in Vergessenheit geraten. Es schien, als wären die Uhren stehen geblieben.

Das ist heute anders. Die grundlegenden Dinge, die Aufnahme des alten Pflasters, der Neubau der Kanalisation und die Pflasterung des Platzes sind erfolgt. Dazu wurden die alten unbearbeiteten Feldsteine wieder eingesetzt, die Anfang des 18. Jahrhunderts hier verbaut worden waren. Inzwischen ist der Neue Markt zu einem Kleinod geworden. Fassaden in hellen, freundlichen Farben und mit liebevoll wieder hergestelltem Stuck machen den Neuen Markt schon jetzt zu einem beliebten Aufenthaltsort, auch wenn die Rekonstruktion dieses Stadtplatzes noch nicht abgeschlossen ist.

Die Häuser am Neuen Markt waren nicht Privatbauten, sondern sie entstanden im Ergebnis der Stadtverschönerung unter Friedrich II. Er ließ das Ensemble entwerfen und ab 1753 ausführen. Potsdam sollte neben Berlin zur zweiten Residenz ausgebaut werden. Es entsprach den ästhetischen Anspruchen Friedrichs II., diese mit repräsentativen Bürgerhäusern zu umgeben. Anders als in Berlin war der Staat selbst Bauherr und wendete enorme Mittel für das Verschönerungsprogramm auf. Friedrich II. skizzierte selbst die Fassaden von Bürgerhäusern und gab Anweisungen zur Farbwahl und zur Gestaltung des Stucks. Außerdem legte er fest, welche Personen künftig in den Häusern wohnen sollten. Wer mit seiner Familie schon vorher im Baugebiet ansässig war, hatte Glück. Die kleinen Fachwerkhäuser wurden auf Kosten des Königs abgerissen und durch neue, größere und massiv gemauerte Gebäude ersetzt.

Der Neue Markt ist ausdrucksstarkes Zeugnis für den hohen Stand städtebaulicher Planung und der Baukunst der damaligen Zeit. Unter Friedrich II. entstand ein ganzer Stadtteil neu. Das Quartier zwischen Neuem Markt und Plantage, Ecke Dortustraße/Yorckstraße, wurde im Wesentlichen zwischen 1750 und 1770 errichtet.

Die zwei Waagen

Wer sich auf dem Neuen Markt in einer Gaststätte verabredet, sollte nicht nur (wie immer) pünktlich sein, sondern muss auch genau hinhören: Es gibt eine Ratswaage und eine Alte Waage, beides übrigens vortreffliche Adressen. Das Restaurant zur Ratswaage befindet sich im vorgezogenen Eckhaus Neuer Markt 10. Es ist ein traditionsreiches Haus. Schon 1736 gab es diese Gastwirtschaft. Die Waage ist gleich nebenan. Sie ist in dem historischen Waagenhaus, das mit seiner Architektur etwas an einen Tempel erinnert.

Der quadratische Massivbau mit flachem Satteldach stammt nicht aus der Planung zur Zeit Friedrichs II. Das Gebäude wurde 1836 vom Preußischen Staat als königliche Mehl-und Kornwaage errichtet. Ab 1875 war es die Ratswaage. Zunächst führte eine Durchfahrt durch den südlichen Teil des Gebäudes. Bei einem Umbau zwischen 1875 und 1877 entstand im Gebäude die Wohnung des Wiegemeisters, die

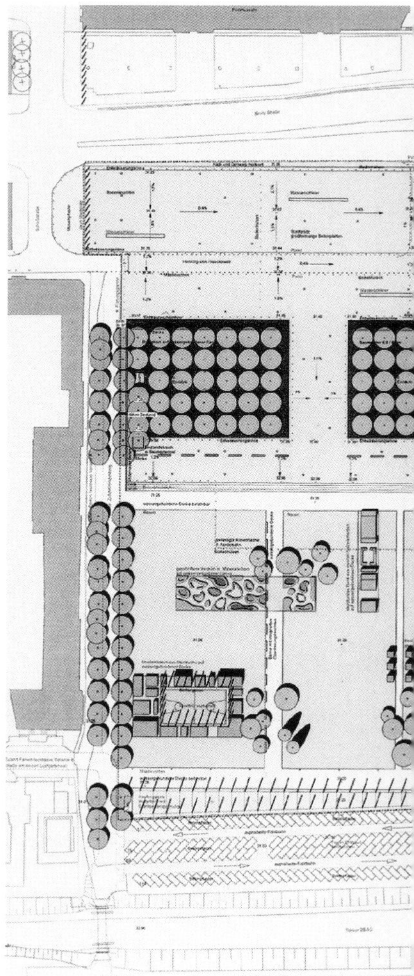

LUSTGARTEN-VISUALISIERUNG
Ein neuer Höhepunkt für Potsdam-Besucher

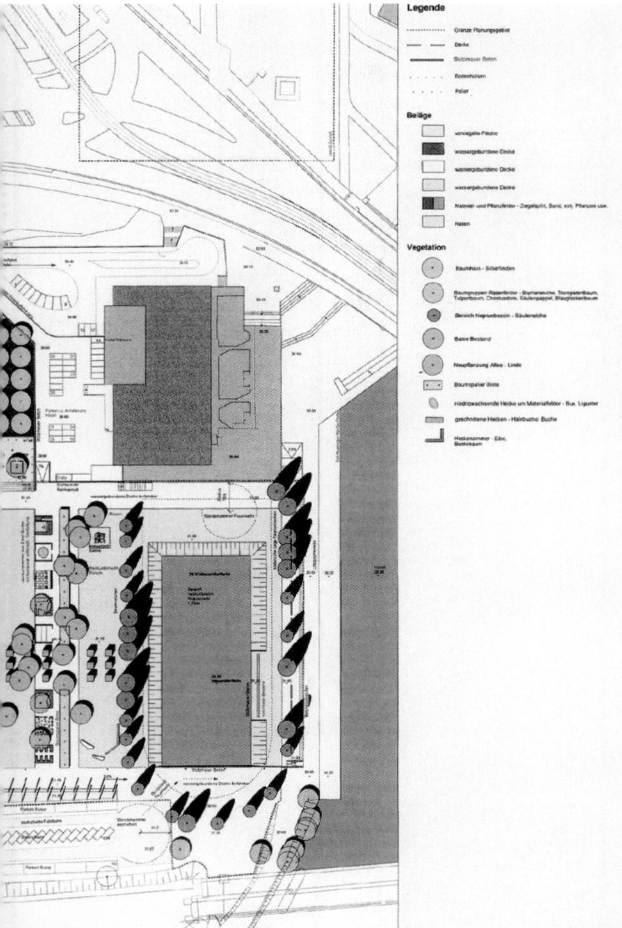

Legende
Grenze Planungsgebiet
Stützmauer Beton
Beläge
wassergebundene Decke
wassergebundene Decke
wassergebundene Decke
Rasen
Vegetation
Baumhain - Silberlinden
Bereich Neptunbassin - Säuleneiche
Neupflanzung Allee - Linde
niedrigwachsende Hecke um Materialfelder - Bux, Liguster
geschnittene Hecken - Hainbuche, Buche

Waage wurde nach außen verlegt. Landwirtschaftliche Produkte wurden meistens fuhrenweise gewogen. Dazu fuhren die Wagen beladen auf die Wiegeplatte auf der Nordseite des Gebäudes. Das Netto-Gewicht des Wagens musste dafür natürlich bekannt sein. Auch Wolle, Tuche und andere Handelsgüter wurden gewogen. Bauern und Geschäftsleute zahlten für diese Leistung eine Gebühr. Die Waage selbst befand sich im Gebäude und war mit der Wiegeplatte über ein unterirdisches Gestänge verbunden. Das funktionierte so bis in die jüngere Zeit hinein, als hier die Waren des Handelskontors »Obst, Gemüse, Speisekartoffeln« gewogen wurden, das sein Lager im ehemaligen Kutschstall hatte. Noch heute erinnert die große Waage im Gastraum an die frühere Nutzung. Das mechanische Messgerät aus DDR-Produktion hat eine Tragkraft von 20 Tonnen und war Ende der 70er-Jahre noch in Betrieb.

Bassinplatz
Aufwertung durch Baumbepflanzung

Das Kabinettshaus

Während die meisten Häuser am Neuen Markt an Privatpersonen übertragen wurden, machte das heute Kabinettshaus genannte Gebäude Am Neuen Markt 1 eine Ausnahme. Das große eindrucksvolle Gebäude war die Prinzenwohnung von Friedrich Wilhelm II. Es wurde nach seinen Bedürfnissen ausgestattet. Schmuckelement des breiten zweigeschossigen Massivbaus ist ein frei tragender Balkon, der von einem Mohren und einer Mohrin gestützt wird. Der Kronprinz lebte mehr als 20 Jahre dort, bis er 1786 selbst die Thronfolge von Friedrich II. antrat. Er übernahm die Krone von seinem Onkel, denn »Friedrich der Große« war selbst kinderlos geblieben. Anders als dieser führte der später »Dicker Wilhelm« genannte König auch ein sehr freudbetontes Leben. Weil das Gebäude nicht dem Repräsentationsbedürfnis des Prinzen entsprach, wurde 1765 das Nachbarhaus in der Schwertfegergasse 8 hinzugemietet. Dort traf sich die Hofgesellschaft häufig zu Empfängen, Konzerten und kleineren Bällen. Im Kronprinzenhaus lebten zu dieser Zeit noch weitere Familien. Mehreren Quellen zufolge wurde hier 1765 auch Wilhelm von Humboldt geboren.

Zwischen 1788 und 1806 war der Neue Markt 1 Sitz der Königlichen Ingenieur-Akademie, einer halb zivilen, halb militärischen Einrichtung. Abkommandierte Offiziere lehrten hier überwiegend militärische Fächer, darunter Festungsbau und Ballistik, aber auch rein naturwissenschaftliche Fächer wie Mathematik und Bauzeichnen. Ab 1833 nutzte das königliche Kabinett das Gebäude, damit erhielt es auch den Namen Kabinettshaus. Ab 1900 war das Kabinettshaus noch einmal Kronprinzenwohnung. Der 18-jährige Sohn des letzten Kaisers Wilhelm II. zog ein und lebte dort ab 1905 mit seiner Gemahlin Prinzessin Cecilie von Mecklenburg-Schwerin bis zum Umzug in das 1917 fertig gestellte Schloss Cecilienhof. Später wurde das Kabinettshaus noch zum Teil vom Katasteramt genutzt, ein anderer Teil war normales Wohnhaus. Zu DDR-Zeiten war in den Büroräumen das Geodätisch Kartographische Institut untergebracht.

© Lieske-Verlag 2000, 38685 Langelsheim. Postergröße 60 x 90 cm. Erhältlich in Buchhandlungen und Museen in Potsdam und Berlin

Altstadt um 1936
Im Zentrum das Stadtschloss mit Garten

Das Kabinettshaus wurde ab 1999 mit hohem Aufwand aus Mitteln der Stadterneuerung und Denkmalpflege restauriert. Es ist der neue Sitz der Tourismus Marketing Brandenburg GmbH und zentral gelegene Anlaufstelle für die Gäste Potsdams (Potsdam Tourismus GmbH).

Der Kutschstall

Auf der Westseite des Alten Marktes gibt es nur ein großes Gebäude, den ehemaligen Kutschstall. Dort begann im Jahr 2000 die Rekonstruktion. Nach der Fertigstellung befindet sich hier das Haus der Brandenburgisch-Preußischen Geschichte mit einem Museum, das 2001 – 300 Jahre nach der Gründung des Preußischen Staates – eröffnet. Die Rechnung geht auf das Jahr 1701 zurück. Damals machte sich Friedrich III. Kurfürst von Brandenburg per Selbstkrönung zu König Friedrich I. in Preußen.

Der Kutschstall wurde während der Regierungszeit von Friedrich Wilhelm II. als königliches Gebäude neu gebaut. Tragender Schmuck ist eine Quadriga über einer triumphbogenartig ausgebauten Mitteldurchfahrt zum Hof. Die Kutsche hinter dem Pferdegespann ist nur mit dem Wagenlenker besetzt. Möglicherweise – so wird es überliefert – zeigt die Plastik den knorrigen Leibkutscher Eberhard Pfund, dem der König damit gedenken wollte. Links und rechts der Quadriga sind Lakaien und Stalljungen beim Putzen von Zaumzeug und Sätteln zu sehen. Während das Erdgeschoss für die Kutschpferde und die Kutschen genutzt wurde, befanden sich oben Wohnungen für die Bediensteten, Stallmeister, Wagenmeister, Vorreiter, Reitknechte, königliche Wagenreiter und Hilfsstalldiener. Bis nach der Wende diente das Gebäude als Lager und Verwaltung des Handelskontors »Obst, Gemüse, Speisekartoffeln«.

Der Stadtkanal

Zur Bundesgartenschau wurde der alte Stadtkanal unter Federführung des Sanierungsträgers Potsdam im Bereich der Yorckstraße auf einer Länge von 120 m freigelegt. Dies ist maßgeblich auf das engagierte Wirken eines Fördervereins zurückzuführen, der Lobbyarbeit leistete und Geld sammelte. Dabei ist das Kanalprojekt nicht unumstritten. Der nach dem Vorbild niederländischer Grachten ausgebaute und von Bäumen gesäumte Kanal war zwar immer ein beliebter Aufenthaltsort, er war aber auch eine Geldvernichtungs-maschine. Immer dann, wenn die kostenintensiven Wartungs-arbeiten vernachlässigt wurden, verwandelte er sich in eine stinkende Kloake.

Der Stadtkanal diente der Entwässerung. Die Böschungen waren mit Holzpalisaden befestigt, und hölzerne Brücken ermöglichten das Überqueren. Dann ließ Friedrich II. zwischen 1764 und 1786 den Kanal ausbauen. Jetzt wurden massive Ufereinfassungen gerammt, die Ufer mit Backstein gemauert und mit Deckplatten aus Sandstein gefasst. Die neuen Brücken waren aus Stein und hatten eiserne Geländer. Allein für den Kanalbau wurden über 230.000 Taler aufgewendet, mehr als das Zehnfache, was die kurz zuvor errichtete Friedenskirche gekostet hatte. Von dieser Zeit an wurde die Bebauung der Ufer vorangetrieben. Bis 1786 entstanden am Stadtkanal 73 Neubauten, darunter 35 bürgerliche Wohnhäuser, 27 Fabriken und Manufakturen sowie 11 Militärgebäude.

Eines der imposantesten Gebäude ist das Brocksche Palais in der Yorckstraße 18 bis 20. Es wurde 1776 nach Plänen Gontards für den wohlhabenden Glasschleifer Brockes errichtet und ist reich verziert. Nach 1817 hatte die preußische Oberrechnungskammer ihren Sitz von Berlin hierher verlegt. Nach 1945 zog die Deutsche Post ein. 2000 begann die Immobiliengesellschaft der Telekom mit der Rekonstruktion des Hauses. Ein Beispiel von vielen, wie Unternehmen im Sog der Stadtverschönerung durch die Bundesgartenschau umfangreiche Investionen vornehmen.

Nicht nur der Bau, auch der Unterhalt des Kanals war teuer. Überliefert sind die Auseinandersetzungen zwischen Friedrich II. und der Stadt Potsdam, wer die Kosten zu tragen hätte. Die Stadt argumentierte, der König habe den Kanal deshalb bauen lassen, weil er eine Zierde für die Residenzstadt wäre. Friedrich II. konterte, ohne den Kanal gäbe es keine Stadt. Potsdam ist auf Sumpfgebiet gebaut, die historische Bebauung ruht auf Pfahlgründungen. Erst ein stabiles System zur Regulierung des Wasserstandes machte damals eine Stadtentwicklung möglich. Friedrich II. und die Stadt einigten sich auf Kostenteilung.

Heute gehören der Bauingenieur Siegfried Benn und der Staatssekretär Klaus Eichler im brandenburgischen Ministerium für Stadtentwicklung zu den Befürwortern einer Kanalöffnung. Dabei waren die beiden in den 60er- und 70er-Jahren am Zuschütten beteiligt, Benn als Bauleiter und Eichler als Auftraggeber für den Wohnungsbau. Es war die Zeit der Neubebauung der Innenstadt. Damals entstanden das Hotel Mercure, Bibliothek, Hochschulgebäude, Rechenzentrum, die Wohnbebauung an der Breiten Straße und Havelbucht und mehrspurige Straßen.

Der Verlust der Stadtatmosphäre durch die moderne Architektur und die breiten Straßen sei erst mit den Jahren richtig deutlich geworden, bekennt Benn. Unermüdlich sammelt er Geld und motiviert Baufirmen zu unentgeltlichen Arbeitsleistungen. Für den Förderverein und die inzwischen zahlreich gewordenen Kanalfreunde ist der erste ausgebaute Abschnitt eine Motivation zum Weitermachen. Ähnlich wie beim Fortunaportal soll damit deutlich gemacht werden, wie schön das alte Potsdam war und wie schön es wieder werden soll.

Inmitten der Stadt
Vom Faulen See zum Platz der Einheit

Platz der Einheit

Der Platz der Einheit wechselte im Laufe der Geschichte mehrfach seinen Namen. Er hieß Fauler See, Nauensche Plantage und Wilhelmplatz. Die jetzige Bezeichnung »Platz der Einheit« geht auf die Vereinigung von KPD und SPD in der sowjetischen Zone zurück. Und wahrscheinlich hat der jetzige Name nur Bestand, weil das in Vergessenheit geraten ist – es könnte ja auch die deutsche Einheit gemeint sein.

Markantes Merkmal ist das von Sitztreppen gesäumte Wegkreuz, das quer über den Rasen verläuft. Der Platz wurde 1999 als erstes Projekt im Vorfeld der Bundesgartenschau abgeschlossen. Bereits vorher entstand an der Nordseite des Platzes die Wilhelmgalerie, ein moderner Bau mit Läden und Büros. Er orientiert sich in seinen Maßen an einem palastähnlichen Vorgängerbau, der hier 1767 auf Anordnung Friedrichs II. errichtet worden war und im II. Weltkrieg zerstört wurde.

Platz der Einheit
Markantes Merkmal: das von Sitztreppen gesäumte Wegekreuz

Die Urbarmachung des Platzes war stets ein Kampf gegen die Natur. Ursprünglich befand sich hier ein Sumpf – deshalb der Name Fauler See. Von diesem Ort sind zahlreiche Geschichten übermittelt. So sollen noch im 17. Jahrhundert Frauen und Mädchen, die man der Hexerei bezichtigte, in den Faulen See geworfen worden sein. Schwammen sie oben, waren sie unschuldig. Gingen sie unter, so hatte sie der Teufel geholt. Erst Friedrich Wilhelm I. soll dem mittelalterlichen Ritual Einhalt geboten haben. Er wollte den Pfuhl zuschütten lassen. Der Faule See hat dann ganze Eichenwälder und Berge von Sand geschluckt und blieb weiterhin ein Sumpf. Ausdauer führte aber letztlich doch zum Erfolg.

Auch bei der Bebauung waren mehrere Anläufe notwendig, bis mit Pfahlgründungen die nötige Stabilität erreicht werden konnte. Leider sind von den im 18. Jahrhundert errichteten Gebäuden durch die Kriegseinwirkungen nur noch wenige erhalten. Es sind die Häuser Friedrich-Ebert-Straße 112 und 113 auf der Westseite. Einige Gebäude wurden nach dem 2. Weltkrieg originalgetreu wieder aufgebaut, wie das Haus des Handwerks an der Ecke Friedrich-Ebert-Straße/ Charlottenstraße.

Das größte alte Bauwerk am Platz, auf der Ecke zur Straße Am Kanal gelegen, gehört der Post. Es wurde zwischen 1897 und 1900 in neobarockem Stil errichtet und ist auf der Westseite des Platzes das einzige erhaltene Gebäude. Die Post war schwer beschädigt, konnte aber in den Nachkriegsjahren saniert und mit etwas modernisierter Fassade wieder hergestellt werden. Gleich daneben erinnert an einem Neubau eine Tafel an die jüdische Synagoge, die sich hier befand. Die Nazis stürmten und plünderten sie in der Kristallnacht 1938. Daraufhin übernahm die Reichspost das Gebäude und nutzte den Gebetsraum als Hörsaal für Propagandasendungen des Rundfunks. Beim Bombenangriff auf Potsdam brannte die Synagoge aus. An ihrer Stelle wurde ein Wohnhaus gebaut. Auch die nördlich angrenzenden Wohnhäuser sind nach dem Krieg anstelle zerstörter Gebäude errichtet worden.

Der Bassinplatz

Im Zuge der Bundesgartenschau wurde der Umbau des Platzes in Angriff genommen. Die nördliche Platzhälfte ist bereits umgestaltet. Es entstand vor der Kulisse des Holländer Viertels ein von Bäumen umgebener gepflasterter Stadtplatz mit vielfältigen Nutzungsmöglichkeiten. Auch die Wochenmärkte finden hier statt.

Heute sind die großen Plätze mit ihrem Grün ein Schmuck für die Stadt. Ihre Entstehung verdanken sie jedoch der Tatsache, dass hier einfach nicht gebaut werden konnte. Platz der Einheit, Bassinpatz und die ehemalige Plantage haben eine ganz ähnliche Geschichte. Sie waren die ungeliebten Sumpflöcher am Rande der Stadt. Im Zuge der 2. Stadterweiterung unter Friedrich Wilhelm I. sollten die Tümpel in einen für die Anwohner zumindest erträglichen Zustand versetzt werden. Der heutige Platz der Einheit wurde trockengelegt, der Bassinplatz nach holländischem Vorbild zu einem richtigen Bassin ausgebaut. In seiner Mitte befand sich ab 1737 auf einer Insel ein kleines Lusthaus (Gloriette), das aber nur sehr selten aufgesucht wurde.

Ins Reich der Legenden muss die Überlieferung verbannt werden, wonach Friedrich der Große hier seine berühmten Tabakkollegien durchführte. Das hätte den Teilnehmern sicher nicht gepasst. Mit der Anlage des Bassins waren die Probleme nämlich nicht gelöst. Verschlammung und Gerüche, die vom stehenden Gewässer ausgingen, führten zu Klagen. In mehreren Etappen wurde das Gewässer zugeschüttet. Einer der Planer für den Rückbau war Peter Joseph Lenné, der sich 1825 und ein zweites Mal 1838 in einem *weniger kostspieligen Project* mit dem Bassinplatz befasste.

Markantes Bauwerk auf dem Bassinplatz ist die katholische Pfarrkirche St. Peter und Paul, die 1867 bis 1870 nach italienischem Vorbild auf der Achse zur Brandenburger Straße errichtet wurde. Sie war Gemeindekirche und Garnisonkirche für die Soldaten katholischen Glaubens. Deshalb wurde sie sehr groß gebaut, ungewöhnlich für das protestantische Brandenburg. Der Innenraum mit Empore bietet Platz für 1.200 Gläubige. Der 63 Meter hohe Glockenturm ist weithin zu sehen.

Auf der entgegengesetzten Ecke des Platzes, durch die umgelenkte Charlottenstraße etwas ins Abseits gedrängt, befindet sich die Französische Kirche. Knobelsdorff und Schinkel orientierten sich 1752 bei ihrer Planung an antiken Vorbildern. Sie errichteten das elliptische Gebäude auf Weisung und auf Rechnung von Friedrich II. Es war für die französisch-reformierte Gemeinde bestimmt. Damit entstand ein Gebetshaus für die Hugenotten, die durch Ludwig XIV. ihrer Religion beraubt und vertrieben wurden. Nach dem Edikt von Potsdam hatte Brandenburg 20.000 von ihnen aufgenommen.

Die Französische Kirche war im II. Weltkrieg beschädigt worden und konnte von der Gemeinde trotz mehrfacher Reparaturversuche nur zeitweilig genutzt werden. 1994 wurden Dach und Kuppel rekonstruiert und die zweite Etappe vorbereitet. 1999 hatte die Gemeinde mit Spendengeld und öffentlichen Zuschüssen eine Million Mark gesammelt und konnte damit die Kirche im Wesentlichen wieder herstellen.

Die Hegelallee – Auf der Grenze von Alt- und Neustadt

Die Hegelallee verläuft entlang des nördlichen Randbereichs der barocken Innenstadt und verbindet diese mit dem Park von Sanssouci. Sie hat erst in den letzten Jahren ihr heutiges Erscheinungsbild erhalten. Voraussetzung war eine intelligente Verkehrslösung, bei der es trotz Reduzierung der Flächen für die Hauptverkehrsstraßen nicht zu neuen Stauschwerpunkten kommen sollte. Bis in die frühen 90er-Jahre floss der Verkehr beidseitig des grünen Streifens in der Straßenmitte jeweils zweispurig. Das Jägertor war eine Verkehrsinsel und um das Nauener Tor führte ein Kreisverkehr herum.

Hegelpromenade
Hier verlief früher die Stadtmauer

Die Straßenbreite kam nicht von ungefähr. Wo jetzt der Grünstreifen ist, verlief bis ins 19. Jahrhundert die Stadtmauer. Die heutige Allee bestand aus zwei Straßen, von denen eine innerhalb, eine außerhalb der Stadtgrenze verlief. Die Stadtmauer war Steuergrenze und Garnisonsumfriedung, eine Schutzfunktion gegen Angriffe von außen hatte sie nicht.

Die jetzt erfolgte Änderung der Verkehrsführung brachte für die Bewohner der Häuserzeile auf der Stadtseite merkliche Entlastung. Der breite Grünstreifen in der Straßenmitte wurde unter Bewahrung des Baumbestandes neu gestaltet, und es gibt einen Spazierweg genau in der Mitte. Wenn heute gern von der Hegelpromenade gesprochen wird, hat das durchaus seine Berechtigung.

Der Weg vom Nauener Tor zur Kreuzung mit der Schopenhauer Straße ist auf der linken Seite gesäumt von zweigeschossigen massiven Putzbauten aus der zweiten Hälfte des 18. Jahrhunderts. Einige von ihnen wurden später aufgestockt oder neu gebaut und reich verziert. Das ist vor allem bei den Eckhäusern auffällig, in denen sich Geschäfte befinden. Auf der rechten Straßenseite reißt die innerstädtische Bebauung auf. Außerhalb der ursprünglichen Stadtgrenze entstanden dort ab dem 18. Jahrhundert schöne Stadtvillen.

Früher sagte man, die reiche Straßenseite ist die stadtauswärts gelegene. Heute gewinnt man manchmal einen anderen Eindruck. Während es auf der Nordseite noch einige Häuser gibt, die eine Sanierung dringend nötig haben, zeigt sich die Stadtseite fast geschlossen in frischen Farben. Manches ging dort in den vergangenen Jahren schneller. Ein Grund: Die Stadtseite gehörte zum Sanierungsgebiet, wo den Bauherren gute Fördermöglichkeiten zur Verfügung standen.

Häuser und Bewohner der Hegelallee

Die Bauvorhaben außerhalb der Stadtmauer waren nicht vom König geplant und finanziert. Die Bürger bauten hier mit eigenem Geld und konnten ihre Vorstellungen verwirklichen. Auf der Nordseite der Kaiser-Wilhelm-Straße lebten neben wohlhabenden Manufakturbesitzern Vertreter des Hochadels, Staatsbeamte und hohe Offiziere des Kaiserreiches. Auch ein Offizierspflegeheim befand sich hier, das heutige Hotel am Jägertor. Das Gebäude wurde Ausgang des 19. Jahrhunderts errichtet und war schon vor dem II. Weltkrieg Hotel. Nach umfangreicher Rekonstruktion wurde es im Jahr 2000 wieder eröffnet.

General Heinrich von Stülpnagel wohnte im Haus Nummer 5. Er gehörte zu dem Kreis der Verschwörer um

Stauffenberg gegen Hitler. Als Stülpnagel nach dem gescheiterten Attentat nach Berlin kommandiert wurde, versuchte er seinem Leben ein Ende zu setzen. Er schoss sich in den Kopf, die Kugel traf jedoch nur den Sehnerv. Wie die anderen Männer auch wurde Stülpnagel gehenkt.

Ein anderer Mann des Widerstands war Helmuth James Graf von Moltke. Er war bis 1925 Schüler des Realgymnasiums an der Hegelallee/Schopenhauer Straße und legte hier sein Abitur ab. Als Initiator des Kreisauer Kreises wurde er am 23. Januar 1945 hingerichtet. Eine Tafel am ehemaligen Realgymnasium erinnert an Moltke.

Heute befindet sich in dem trutzigen Bau aus Wilhelminischer Zeit das Einstein-Gymnasium. Das Gebäude war auch zu DDR-Zeiten immer Bildungseinrichtung. Es wurde in den Anfangsjahren als Arbeiter-Bauern-Fakultät genutzt, auf der Heimkehrer und junge Erwachsene aus einfachen Schichten im 2. Bildungsweg ein Abitur ablegen konnten. Später gehörte es zur Pädagogischen Hochschule.

Mit dem Kriegsende gingen die deutschen Militärs, die in der Straße wohnten. Die russischen kamen. Viele ehemalige Offiziersfamilien waren vor der nahenden Roten Armee aus Potsdam geflüchtet. Ihre Häuser unterstanden jetzt der Militärkommandantur. Die Sowjets nutzten sie für ihre Verwaltungen und Wohnungen, einige übergaben sie auch an die deutsche Nachkriegsverwaltung.

Heute sind einige dieser schönen Villen denkmalgerecht instand gesetzt. Auch das Magazin, in dem auch Potsdamer in großer Auswahl Fischbüchsen, Obstkonserven, Krimsekt und gelegentlich auch Südfrüchte kaufen konnten, gehört dazu. Schlimm sieht dagegen das Konzerthaus aus. Es war bis 1945 der größte und modernste Saal Potsdams, der für erstklassige Sinfoniekonzerte ebenso genutzt wurde wie für Bälle und Versammlungen. Nach dem Ende des II. Weltkrieges gab es für die deutsche Zivilbevölkerung hier nur noch ein Konzert. Danach übernahm die Rote Armee das Gebäude als

Haus der Offiziere. »Dom Offizierow« ist über dem Eingang des leer stehenden Gebäudes zu lesen. Das Lenin-Denkmal im Vorgarten ist fast zugewachsen und wäre wahrscheinlich schon vollends in Vergessenheit geraten, würden es Schmierereien und nachfolgende Putzaktionen nicht immer wieder einmal in die Schlagzeilen bringen.

Neben dem ehemaligen Konzerthaus liegt das Werner-Alfred-Bad, das gerade umgebaut wird. Es wurde 1913 errichtet und nach dem Flugpionier Werner Alfred Pietschker benannt, der in Bornstedt geboren wurde und 1911 erstmals mit seiner selbst gebauten Maschine geflogen war. Bei einem späteren Testflug stürzte er ab. Pietschkers Mutter, eine geborene Siemens, baute daraufhin ein Bad mit marmorner Eingangshalle, viel Stuck und einem schönen ovalen Becken und stiftete es der Stadt.

Potsdam verkaufte das Bad nach der Wende, weil die Stadt den Unterhalt und die Sanierung nicht bezahlen konnte. Ein privater Investor errichtete hinter dem Gebäude eine Siedlung mit Seniorenwohnungen. Das Bad selbst soll künftig einen Wellnessbereich aufnehmen, allerdings ohne Schwimmbecken. Der Kuppelsaal mit dem abgedeckten Bassin ist als Veranstaltungsraum vorgesehen.

Nauener Tor

Das Nauener Tor markiert den Ausgangspunkt der Hegelpromenade. Durch die Veränderung der Straßenführung entstand zur Bundesgartenschau stadtseitig ein schöner Platz, an dem sich beliebte Cafés und Restaurants befinden. Im Sommer sitzen die Besucher hier bis spät in die Abendstunden. Sie lassen sich dabei auch nicht von Linienbus und Straßenbahn stören, die weiter über den Platz und durch das Nauener Tor fahren dürfen.

Im Laufe der Geschichte wurde das Nauener Tor vier Mal umgebaut. Seine heutige Gestalt geht auf das Jahr 1867

Nauener Tor
Rundtürme und Torhäuser mit Arkaden in neugotischem Stil

zurück, wobei Zinnen und Türme im neugotischen Stil verändert wurden. Bei der Rekonstruktion 1995 bis 1997 ging die Denkmalpflege auf diesen Zustand zurück. Die Konsequenz war, dass die warmgelbe Farbe mit den weiß abgesetzten Faschen aus dem Stadtbild verschwand. Das Tor ist heute wieder grau, mit einem leichten Stich ins Grüne. Erst 1927 war zum ersten Mal gelbe Farbe verwendet worden.

Wenn heute auf dem Turm des restaurierten Nauener Tores schon wieder Bäumchen wachsen, ist das nicht auf Schlamperei der Bauarbeiter zurückzuführen, sondern es hat Tradition. Schon 1883 waren Gesteinsstücke vom westlichen Turm heruntergefallen. Die Baubehörde machte als Ursache »Strauchwerk« dafür verantwortlich, das sich selbst ausgesät hatte. Die Reparatur erfolgte unter der von Kronprinz Friedrich Wilhelm gewünschten »Beibehaltung des Gesträuchs«, für das eigens mit Erde gefüllte Vertiefungen in das Mauerwerk integriert wurden. Diese sind inzwischen verschwunden. Dafür wurden im Frühjahr 1998 zwei Blumenkästen aus Edelstahl – von unten kaum erkennbar – zwischen den Zinnen befestigt. Gepflanzt wurden zwei Ebereschenbäumchen, die unter extremen Verhältnissen auch ohne Bewässerung leben können.

Luisenplatz

Der Luisenplatz ist heute wieder ein grüner Platz, der auch wieder einen Springbrunnen erhält. Die Umfahrung ist verkehrsberuhigt, was die Aufenthaltsqualität merklich gesteigert hat. Im Sommer kann man gemütlich auf den Terrassen der Restaurants und Cafés sitzen.

Der Platz wurde um 1733 vor dem Haupteingang zur Stadt angelegt. Es muss damals noch ein öder und trister Ort gewesen sein, der zum großen Teil unbebaut war. 60 Jahre später erhielt der Luisenplatz seinen Namen nach der Gattin von Friedrich Wilhelm III. Die Hochzeit mit der gerade 18-jährigen Schönheit Luise von Mecklenburg-Strelitz war Heiligabend 1793.

Damals stand immerhin schon das Brandenburger Tor, das bis heute der Blickfang auf dem Platz ist. Der 1770 errichtete Bau ist auf der Sanssouci zugewandten Seite besonders prächtig geschmückt. Die Mittelgruppe zeigt Kriegsgott Mars mit einer Streitaxt und Herkules mit einer Keule. Hoch oben ist die vergoldete Preußenkrone zu sehen. Den Grobentwurf für den Triumphbogen nach römischem Vorbild zeichnete Friedrich II. persönlich.

Brandenburger Tor
Blickpunkt des Luisenplatzes

Innenstadt
Begrünte Innenhöfe

Ein weiteres markantes Gebäude ist der zinnenbewehrte Sitz der Mittelbrandenburgischen Sparkasse. Das trutzige Gebäude aus Backstein war 1836 als Kaserne für die Gardeulanen errichtet worden.

Grün wurde der Luisenplatz erst 1854, Peter Joseph Lenné war mit der Planung beauftragt. Diese sah ein Rasen-Rondell vor, das von Hecken gesäumt ist und in dessen Mitte sich ein Brunnen befindet. Wie auch die Große Fontäne im Park von Sanssouci wurde der Brunnen auf dem Luisenplatz vom dampfbetriebenen Pumpwerk in der Breiten Straße gespeist, das sich hinter der Fassade einer maurischen Moschee verbirgt.

An einen grünen Luisenplatz können sich aber nur noch die ältesten Potsdamer erinnern. Bereits 1939 wurde die Gartenanlage zu einem Parkplatz umfunktioniert, außerdem konnte die Fläche nun auch für Aufmärsche genutzt werden. Da es für diese nun keinen Bedarf mehr gibt und für die Autos seit 2000 eine Tiefgarage zur Verfügung steht, wurde die Rückkehr zum grünen Luisenplatz möglich.

Freundschaftsinsel
Blick über Neue Fahrt und Freundschaftsinsel, Torhäuser, auf Nikolaikirche und Altes Rathaus

Orte am Fluss

Am Havelufer flanieren und verweilen

In aller Kürze

Alte Fahrt und Neue Fahrt

Diese BUGA-Kulisse ist vielleicht die erste, mit der Sie Kontakt haben: wenn Sie mit der Bahn oder über die Autobahn aus Richtung Berlin, Leipzig, Hannover ankommen.
Die Neue Fahrt wurde für die Passage von Fahrgast- und Lastschiffen bereits in der 1. Hälfte des 19. Jahrhunderts ausgebaggert. Die Grünanlagen entlang der Alten und Neuen Fahrt (bis zur Teilung der Havel) wurden neu gestaltet. Die Heilig-Geist-Residenz wurde in den 90er-Jahren als Senioren-Wohnheim gebaut. Der Name stammt von der Heiliggeistkirche, die hier früher stand. Die Ufer wurden begrünt.

Nuthepark

Zwischen Hauptbahnhof und Havel liegt ein neuer Landschaftsgarten: der Nuthepark. Tipp: Wanderweg am südlichen Flussufer. Stimmen Sie sich auf einen Besuch auf der Freundschaftsinsel mit einem Blick von der Seebrücke ein.

Freundschaftsinsel

Höhepunkt der Kulisse Orte am Fluss: die Freundschaftsinsel. Sie hat gartenhistorisch große Bedeutung und liegt zwischen Alter und Neuer Fahrt. Auf Anregung Karl Foersters (siehe Kapitel Foerster-Garten) entstand 1938/40 hier der erste Schau- und Sichtungsgarten für winterharte Blütenstauden, Farne und Gräser. Gut gegliedert, viele Informationen – ein Besuch lohnt zu jeder Jahreszeit. Ganzjährig ab 8 Uhr bis zum Einbruch der Dunkelheit geöffnet. Wie sagte schon Karl Foerster: *Es wird durchgeblüht*. Tipp: Wanderung von Glienicke über Potsdam-Babelsberg, Nuthepark zur Freundschaftsinsel.

Rittersporn

»Frühschein«, eine früh aufblühende Sorte Karl Foersters, Delphinium

Nauener Tor
Leiblstr.
Benkertstr.
Holländisches Viertel
Gutenbergstr.
692
Nauener Tor
Mittelstr.
Friedrich-Ebert-Str.
90 – 92 – 95
Am Bassin
Jägerstr.
Dortustr.
Kirche St. Peter und Paul
Französische Kirche
Branden-burger Str.
Bassinplatz
Brandenburger Str.
Charlottenstr.
X91
Platz der Einheit/Nord
Berliner Str.
Dortustr.
X98 – 94 – 96
Französische Str.
Posthofstr.
X91
Kabarett
W.-Staab-Str.
Ebräer Str.
Platz der Einheit/ West
Platz der Einheit
Am Kanal
Burgstr.
93 – 94 – 95
Nikolaisaal
Dortustr.
Yorckstr.
ehem. Stadtkanal
J.-Curie-Str.
Siefert-str.
Am Neuen Markt
Platz der Einheit/ Am Kanal
Am Alten Markt
Burgstr.
Kutsch-stall
Nikolai-Kirche
Schwert-fegerg.
KH Altes Rathaus
Seelenbinderstr.
Schloßstr.
Freundschaft insel
Alter Markt
HOT Theaterhaus
Schloßstr.
Filmmuseum
695
Alte Fahrt
H.-v.-Tresckow-Str.
X91-X98-90-92-93-96
Lange Brücke
Neue Fahrt
Am Lustgartenwall
Lustgarten
S Hbf DB/Nord
693
S Hbf DB /West
S7
DB
Havel
Schwimmhalle am Brauhausberg
694
695
693
S Hauptb

HOT
Reithalle A
Schiffbauer-
gasse
ehem. Kaserne
Waschhaus
fabrik e.V.
Havel
arktstr.
94 – 95
Holzmarktstr.
Humboldt-
brücke
Havelhaus
Kindermann-
see
Türkstr.
Zentrum
Ost
Gr.-Fischer-Str.
Heilig-Geist-Str.
Senioren-
residenz
Humboldtring/
Nuthestr.
693
Humboldtring
Humboldtring
H.-Marchwitza-Ring
K.-Förster-Str.
Nuthestr.
Nuthepark
Lotte-
Pulewka-Str.
Lotte-Pulewka-Str.
Max-
Vollmer-Str.
Wiesenstr.
693
Nuthe

Alte Fahrt und Neue Fahrt

Wo sich die Havel teilt, heißen ihre Arme Alte Fahrt und Neue Fahrt – was immer wieder gern verwechselt wird. Die Neue Fahrt ist für die Passage von Fahrgast- und Lastschiffen ausgebaggert und liegt im Süden der Freundschaftsinsel. In Höhe des heutigen Potsdam-Centers reichten in der Vergangenheit die Industrieflächen bis ans Ufer der Neuen Fahrt heran. Sie wurden begrünt und bilden den Ausgangspunkt für den neu entstandenen Park.

Das Ufer der Alten Fahrt hat sein heutiges Gesicht im Wesentlichen in der Nachkriegszeit erhalten. Die alten, bis ans Wasser heranreichenden Wohn- und Gewerbebauten waren größtenteils zerstört und machten Platz für eine nach modernen städtebaulichen Gesichtspunkten gestaltete Siedlung mit öffentlich zugänglichem Havelufer. Für die BUGA wurden die Grünanlagen umgestaltet sowie die Uferpromenade erneuert und behindertengerecht ausgebaut. Markantestes Gebäude am nördlichen Havelufer ist die Heilig-Geist-Residenz, deren Turm zunächst an einen Sendemast erinnert. Es handelt sich jedoch um ein Seniorenheim, das in den 90er-Jahren errichtet wurde. Bei der äußeren Gestaltung orientierte sich der Architekt an der Heiliggeistkirche, die einst an dieser Stelle stand. Die Kirche war durch Bomben und Artilleriebeschuss aufs Schwerste beschädigt und abgetragen worden.

Nuthepark

Zwischen Hauptbahnhof und Havel liegt ein neuer Landschaftsgarten, der Nuthepark. Er erstreckt sich vom Havelufer an der Neuen Fahrt, überquert die Nuthemündung und führt bis an die Humboldtbrücke heran. Damit ist am südlichen Flussufer ein überaus attraktiver Wanderweg entstanden, der vor allem jenen zu empfehlen ist, die Potsdamer Landschaften individuell entdecken wollen. In der Verlängerung führt die Route durch den Babelsberger Park. Wer dann noch gut zu Fuß ist, kann seine Wandertour am Ufer des Griebnitzsees

Nuthepark
Im Hintergrund die Heilig-Geist-Residenz

fortsetzen. Ein anderer ausgedehnter Wanderweg führt über Klein Glienicke und die Glienicker Brücke nach Potsdam zurück.

Der Nuthepark ist vor allem Wohngebiets-Grünanlage für die Bewohner der Siedlung Zentrum Ost. Der Park verfügt über zahlreiche Spielelemente für Kinder, und er wurde gemeinsam mit Kindern gestaltet. Jugendliche aus der Wohngebietsschule klebten Ytong-Steine zusammen und gestalteten in einem Kunst-Förderkurs Plastiken, die überraschend aus dem Grün des Parks hervortreten.

Markantes Tor zur Wohngebietsseite hin ist der Dino-Hügel. Ein großer Erdwall wurde mit Spielgeräten aus Holz ausgestattet. Ein Klettergerüst mit Krokodilsgesicht, Rückenschuppen aus Beton und eine Bank, die als geschwungener

Schwanz gestaltet ist, lassen mit ein wenig Phantasie ein gewaltiges Urzeitgetüm lebendig werden. Etwas verborgen liegt der Waldspielplatz mit einem Iglu und zwei Holzpilzen, die sowohl kleine Klettertürme als auch Buden zum Verstecken sind.

Wo heute der Park ist, befanden sich verwilderte Niederungswiesen der Nuthe und Waldstücken. Eine Allee, die früher einmal zum Ufer führte, wurde vom Wildwuchs befreit. Hier entstand eine Baumhalle, die in eine kleine Sitzgruppe aus Steinen ausläuft. Eine geschwungene neue Brücke aus Holz und Eisen ermöglicht Fußgängern und Radfahrern den Übergang über die Nuthe. Sie wurde aus Anlass der BUGA im Jahre 2000 eingeweiht. Den besten Blick auf die Freundschaftsinsel und die Silhouette Potsdams hat man vom Platz an der Havel aus, einer kleinen Seebrücke, die sich zwischen den Vereinshäusern der Wassersportler auf die Havel hinausschiebt und die als Bootsanlieger genutzt werden kann.

NUTHEPARK
Lohnenswertes Ausflugsziel zwischen Babelsberger Park und Potsdamer Innenstadt

Freundschaftsinsel
Frühling in Potsdam
Aufnahme aus den 80er-Jahren

Freundschaftsinsel

Innerhalb der Kulisse Orte am Fluss fällt der Freundschaftsinsel sicher die gartenhistorisch größte Bedeutung zu. Malerisch zwischen den beiden Havelarmen Alte Fahrt und Neue Fahrt gelegen, bereichert sie das Spektrum der Gartenkunst in Potsdam und bildet mit ihren prächtigen Staudenpflanzungen und ihrer für einen öffentlichen Garten ungewöhnlichen Fülle an Details eine interessante Abwechslung zu den großen Parkanlagen des 18. und 19. Jahrhunderts.

Auf Anregung Karl Foersters (1874–1970), eines der bedeutendsten Gärtner des 20. Jahrhunderts, entstand 1938–40 hier der erste Schau- und Sichtungsgarten für winterharte Blütenstauden, Farne und Gräser in Deutschland.

Karl Foerster betrieb seit 1911 in Potsdam-Bornim seine

später weithin berühmte Staudengärtnerei, aus der in sechs Jahrzehnten unermüdlichen Schaffens 362 neue Staudensorten hervorgingen. Wie kein anderer verstand er es von Anfang an durch Veröffentlichungen in Zeitungen und Zeitschriften sowie in fast 30 Büchern nicht nur fachlichen, sondern auch philosophischen Inhalts mit tiefgründigen Gedanken und dichterischer Kraft ausgestattet, ganze Gartengenerationen bis heute zu begeistern. Einer seiner Leitgedanken war zeitlebens die Anlage von Schau- und Sichtungsgärten zur Erprobung und Verbreitung neuer Staudenzüchtungen.

Nach den Kriegszerstörungen konnte der Garten unter dem Einfluss der genialen Persönlichkeit Foersters und dank des unermüdlichen Einsatzes von Freunden und Verehrern seiner Ideen in den 50er-Jahren wieder entstehen und in den 70er-Jahren weiterentwickelt werden.

Ab 1977 erhielt die Insel den Status eines Flächendenkmals, was sie nicht vor den Schwierigkeiten der Umbruchszeit mit dem Untergang der DDR und dem Neubeginn im wieder vereinigten Deutschland bewahren konnte.

Mit der Einbeziehung in das Konzept der BUGA wurde das gärtnerische Kleinod in der Havel von 1996 an in einer aufwendigen flächendeckenden Rekonstruktion zu neuer Blüte geführt. Als lebendiger Ort hoher gartenkünstlerischer Qualität kann die Freundschaftsinsel damit zu Recht als eines der bedeutendsten Gartendenkmale des 20. Jahrhunderts in Deutschland angesehen werden.

Geschichtliche Entwicklung

Einst aus Schwemmland an der Mündung der Nuthe in die Havel entstanden, lag die Insel schon immer abgeschieden inmitten der reizvollen Flusslandschaft und zugleich in unmittelbarer Nachbarschaft zum Stadtkern, was ihre Entwicklung maßgeblich beeinflusste.

POSTKARTE VON 1909
Restaurant Freundschaftsinsel an der Alten Fahrt

Ihre heutige Form erhielt die Insel Anfang des 19. Jahrhunderts mit dem Neubau der Langen Brücke (Schinkel) in den Jahren 1824/25 und dem Ausbau der Neuen Fahrt zum beschiffbaren Kanal. In einem der ersten kleinen Gärten auf dem ansonsten flachen, weidenbestandenen Eiland veranstaltete der Besitzer, Tabakhändler Gems, zuweilen kleine Rosenfeste und nannte ihn 1841 in seinem Testament »Insel der Freundschaft«. Sein Schwiegersohn betrieb ab 1845 an gleicher Stelle ein Ausflugsrestaurant unter Verwendung dieses Namens, welcher sich dann allmählich auf das gesamte Eiland übertrug.

Im Jahr 1886 musste die Lange Brücke einem Steinbau weichen, der 1902 in Kaiser-Wilhelm-Brücke umbenannt wurde. Das städtische Leben ergriff mehr und mehr Besitz von der Freundschaftsinsel. So wurde das Bild nun von zahlreichen

Laubengärten, kleinen Bootswerften und Schuppen bestimmt. Durch das in Mode kommende Freibaden entstand auch eine Flussbadeanstalt. Mit einer Postkarte vom Restaurant »Freundschaftsinsel« konnte man 1909 die Daheimgebliebenen grüßen.

In den 30er-Jahren sollte der Stadteingang von der Langen Brücke her gestalterisch aufgewertet und ein ansprechendes Entree zur Residenzstadt geschaffen werden. Die dazu eingeleiteten Verschönerungsmaßnahmen beschränkten sich dabei zunächst auf die links und rechts der Brücke angelegten regelmäßigen Grünanlagen mit dem Kaiser-Wilhelm-Denkmal auf der südwestlichen Seite.

Ab 1937 wurde dieses Vorhaben um die Idee Karl Foersters vom Sichtungsgarten erweitert und das Areal der Freundschaftsinsel bis in Höhe der heutigen Inselbrücke in die Anlage eines »Blütengartens der Zukunft« einbezogen.

Die Entstehung des Schau- und Sichtungsgartens

Mit der Gestaltung wurde der Gartenarchitekt Hermann Mattern (1902–1971) beauftragt. Für die Pflanzungen zeichnete Hermann Göritz (1902–1998), ebenfalls Gartenarchitekt, verantwortlich.

Hermann Mattern arbeitete seit 1927 in einer Arbeitsgemeinschaft mit Karl Foerster und der Gartenarchitektin Hertha Hammerbacher zusammen. Sie bildeten damit den Kern des »Bornimer Kreises«, einem Kreis von Künstlern, Architekten und Gärtnern um Karl Foerster, wie Walter Funcke, Hermann Göritz, Heinz Hagemann, Richard Hansen, Gottfried Kühn und Alfred Reich, von dem völlig neue Tendenzen zur Gartengestaltung und Pflanzenverwendung ausgingen.

Nach dem Willen des damaligen Oberbürgermeisters Friedrichs wurden als Eingang zum Staudengarten und als Motiv für dessen vorgesehene Einzäunung die Kleinarchitekturen der Torhäuser (v. Estorff) geschaffen. Den Kern der Matternschen Gestaltung bildete eine dem Verlauf der Klinkermauer am Ufer der Alten Fahrt folgende Pergola mit Säulen aus rotem Wesersandstein, von der aus sich fächerartig die Staudenbeete ausbreiteten.

Im Frühjahr 1941 wurde der Garten mit ca. 2.200 Arten und Sorten Stauden und Sommerblumen sowie 270 verschiedenen Rosen und Ziergehölzen eröffnet. Weitere Ideen Karl Foersters, wie ein Restaurant (die Gartenbesucher wollen schließlich auch irgendwo Erdbeertorte mit Schlagsahne essen) und ein Gebäude für Ausstellungen, wurden in den damaligen Planungen teilweise berücksichtigt jedoch nicht realisiert.

Die noch junge Anlage wurde im April 1945 bei der Bombardierung der Potsdamer Innenstadt fast restlos zerstört. Die Nachkriegsentwicklung auf der Insel begann mit der Aufteilung der Flächen in Grabeland zur Versorgung der Potsdamer Bevölkerung. Mit der sich abzeichnenden Teilung Deutschlands löste sich auch der Bornimer Kreis. Mattern und Hammerbacher verließen die Stadt.

Der Wiederaufbau nach dem Krieg

Abermals auf Anregung von Karl Foerster entstand der Schau- und Sichtungsgarten ab 1953 nach Entwürfen des Gartenarchitekten Walter Funcke (1907–1987) und nach Pflanzplänen von Hermann Göritz neu. Dem Verlauf der wieder errichteten Pergola an der Alten Fahrt folgend, entstand dabei als neues, das Herzstück der Anlage bereicherndes Element die Wasserachse mit Seerosenbecken, Brücken und Fontänen.

Von den beiden Torhäusern hatte das Schwanentorhaus den Krieg und die Folgejahre besser überstanden als sein Zwilling und wurde als Unterkunft für die Gärtner instand gesetzt. In ihm gab es ein winziges Büro, in welchem der Obergärtnermeister Peter Altmann (geb. 1915) als Mitarbeiter Karl Foersters residierte und ab 1957 wieder mit der systema-

Schwanentorhaus
Die beiden Torhäuschen stammen aus den 30er-Jahren

tischen Staudensichtung begann, die er bis 1965 fortsetzte. Mit botanischen Führungen, Dia-Vorträgen, Veröffentlichungen in der lokalen Presse und anfangs noch handgeschriebenen Pflanzenetiketten gelang es ihm, Foersters Idee wach zu halten und zu verbreiten.

Die Ausstellung »Plastik im Freien« 1966 auf der Freundschaftsinsel, gedacht als Bilanz des bildkünstlerischen Schaffens in der DDR, begründete eine kleine Sammlung von heute über 20 Bronzeskulpturen.

Zunächst als Provisorium gedacht, entstand als zweite Verbindung zur Insel eine Fußgängerbrücke über die Alte Fahrt.

Metallplastik im Blütengarten
Aufgestellt zum 100. Geburtstag von Karl Foerster

Umbau, Erweiterung und neue Zielsetzung

Schon ab 1967 gab es Überlegungen zur Erweiterung des Nutzungsspektrums über das Konzept des »Schau- und Lehrgartens«, wie der Staudengarten nach Einstellung der Sichtung nun hieß, hinaus. Hinzu kamen eine Festwiese für Veranstaltungen, ein Restaurant, eine Freilichtbühne, ein Bootshafen sowie ein Pavillon für Musik und Ausstellungen. Verwirklicht wurden diese Vorhaben 1972–73 im Rahmen eines intensiven Ausbaus der Freundschaftsinsel zu den X. Weltfestspielen der Jugend und Studenten in Berlin, in Verbindung mit einer Erneuerung der Infrastruktur.

Einbezogen war nun die ganze Insel in der Größe von etwa 7 Hektar, Walter Funcke war federführend an den Entwürfen beteiligt. Die letzen Bootsschuppen und Kleingärten verschwanden, die Gärtner bekamen ein neues Domizil, wodurch aus dem Schwanentorhaus eine gastronomische Einrichtung, die Russische Teestube, wurde. Der Ausstellungspavillon, als moderner Glas-Klinker-Bau gestaltet mit zeittypischem Rosengarten dazu, findet sein Pendant im gleichartigen Baukörper des Inselcafés am gegenüberliegenden Ende der Wasserachse.

Durch die übermäßige Verwendung der Materialien Beton und Asphalt litt die bis dahin hohe Gestaltqualität, und durch die Erweiterung des Nutzungskonzeptes waren Konflikte mit dem Staudengarten vorprogrammiert und massiv eingetreten.

Zum 100. Geburtstag von Karl Foerster, vier Jahre nach seinem Tod, ließ die Stadt Potsdam ihrem inzwischen zum Ehrenbürger avancierten großen Gärtner eine Metallplastik (Ch. Roehl) fertigen. Mit seinen Worten »Wer Träume verwirklichen will, muss wacher sein und tiefer träumen als andere«, ausgewählt von Foersters Frau Eva, steht sie von da an inmitten des Blütengartens.

Eva Foerster (1902–1996) bildete nach Karl Foerster bis zu ihrem Tod die Mitte eines großen Freundeskreises in Ost und West.

In den Jahren 1974 bis 79 widmete sich Walter Funcke der Erneuerung des Staudengartens, seine Gestaltung aus den 50er-Jahren ergänzend. Der Auftrag für die Erstellung der Pflanzpläne erging ein drittes Mal an Hermann Göritz, der damals lange Zeit der einzige freischaffende Gartenarchitekt der DDR war.

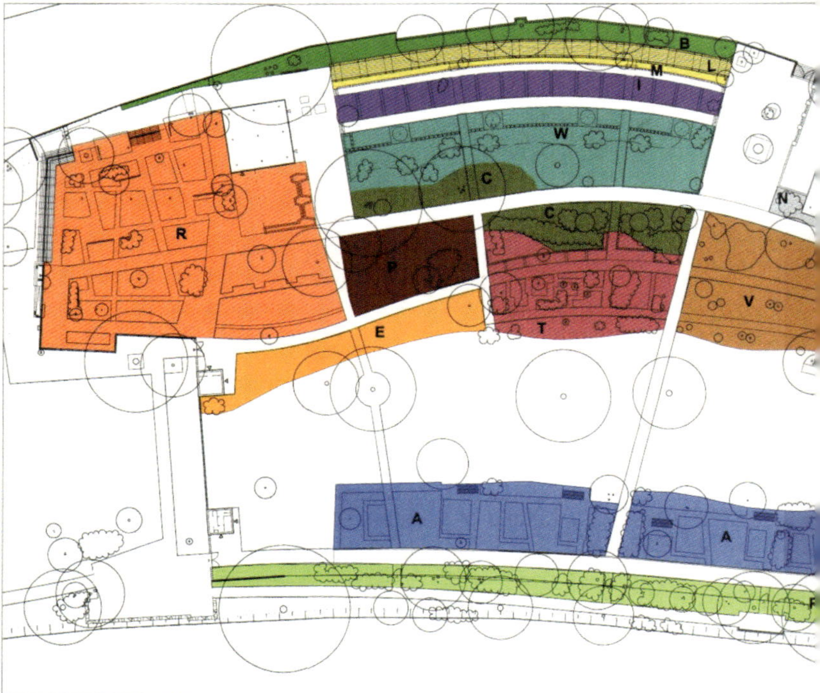

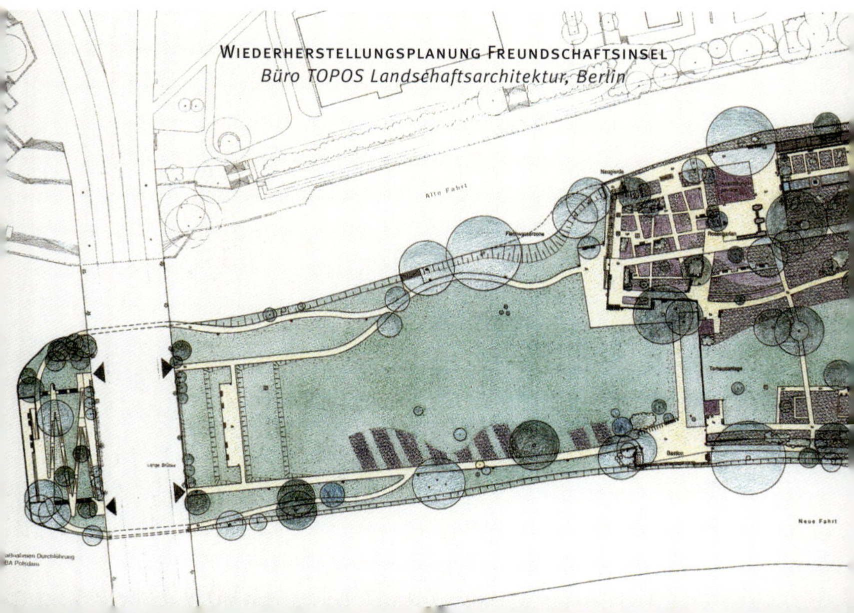

WIEDERHERSTELLUNGSPLANUNG FREUNDSCHAFTSINSEL
Büro TOPOS Landschaftsarchitektur, Berlin

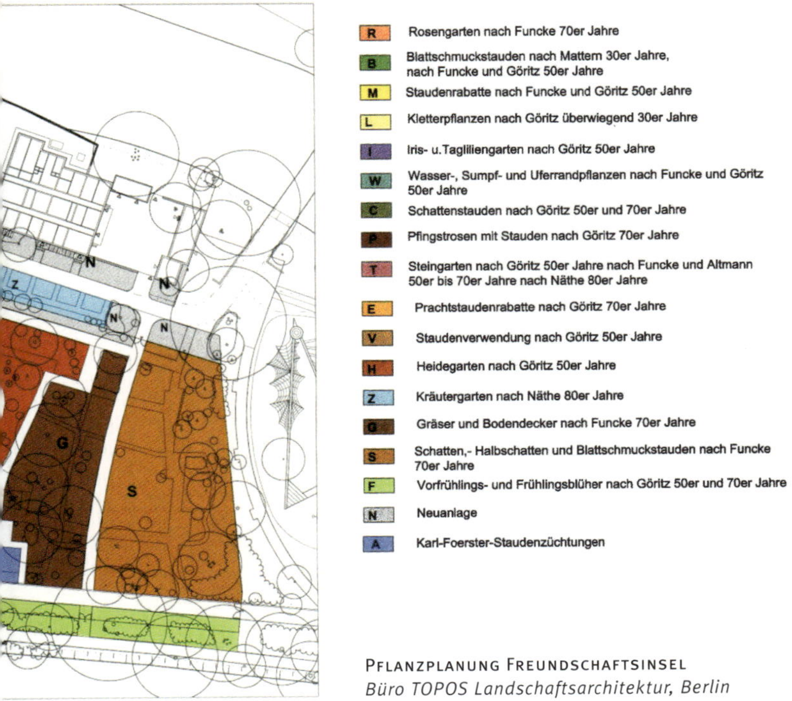

PFLANZPLANUNG FREUNDSCHAFTSINSEL
Büro TOPOS Landschaftsarchitektur, Berlin

Bereich Kleinstauden
Blick in den Findlingsgarten

Der neue Ausstellungspavillon entwickelte sich besonders bei Ausstellungen zu Foerster- und Garten-Themen, zu Themen des Kunsthandwerks wie Keramiken von Hedwig Bollhagen, zu Kunst, Malerei, Skulptur sowie Fotografie, z. B. »Akt und Landschaft«, zum wahren Publikumsmagneten. Im Januar 1988 fand dort die Trauerfeier für Walter Funcke statt.

Zu Beginn der 80er-Jahre gab es letztmalig eine neue Etikettierung für den Staudengarten einschließlich der Aufstellung von Erläuterungstafeln zu den Sortimenten und Bepflanzungsbeispielen. Damals musste auf dem Etikett für die alte Salviensorte "Ostfriesland“ dann der Name "Rügen" erscheinen, weil die richtige Bezeichnung möglicherweise unerwünschte Reisegelüste in westliche Richtung geweckt hätte und deshalb in den Sortenlisten der DDR längst getilgt war.

Die neue Freundschaftsinsel

Nach den Schwierigkeiten in der Übergangsphase am Anfang der 90er-Jahre, mit Vandalismus, Diebstahl und dem Niedergang der Gastronomie auf der Insel, nach dem Verkauf von Schwanentorhaus und Inselrestaurant, jedoch nicht ohne Hoffnung, welche vor allem von dem wertvollen alten Gehölzbestand und den immer noch blühenden Staudenrabatten ausging, begann ab 1996 die Erneuerung des Gartens.

Dies geschah auf der Basis von weit reichenden Überlegungen und Zielstellungen vorausgegangener denkmalpflegerischer Untersuchungen. Es erfolgte eine einfühlsame Wiederherstellung des Schau- und Sichtungsgartens unter Herausarbeitung seiner drei Hauptgestaltungsphasen mit den jeweils charakteristischen und erhaltenswerten Gestaltungselementen sowie die harmonische Verbindung der einzelnen Gartenteile untereinander. Die wesentlichen Punkte waren dabei neben dem Rückbau vieler störender baulicher Elemente und der Erneuerung der Staudenpflanzungen die Rekonstruktion der Torhausanlage und der Schutz des Inneren Gartens durch eine Einfriedung, die Verdeutlichung des Inselcharakters durch die Öffnung von Wasserblicken und eine naturnahe Ufergestaltung, eine Neuordnung der Erschließung und eine Erneuerung und Modernisierung der Infrastruktur.

Spaziergang

Für den von der Langen Brücke kommenden Besucher bildet eine weite Rasenfläche mit einzelnen Bäumen, deren Anfang drei Terrassen mit Sitzplätzen bilden, den Auftakt zum Inselrundgang. Den Hauptweg an der Neuen Fahrt geleiten Streifen mit Einjahresblumen zum Staudengarten hinter den beiden Torhäusern hinab, in deren Mittelachse der moderne Nachbau des Turmes der Heilig-Geist-Kirche steht. Vor dem Schwanentorhaus fällt eine markant gewachsene Rotbuche aus der Entstehungszeit des Gartens auf. Die Tore der Umzäunung sind bis zum Einbruch der Dunkelheit ganzjährig geöffnet.

Von einer Bastion aus hellem Sandstein (50er-Jahre) an der Neuen Fahrt führt ein schattiger Uferweg unter alten Maulbeerbäumen, Pappeln und Weiden mit naturnaher Unterpflanzung und Blick zum Wasser, vorbei an Staudengarten, Spiellandschaft und Freilichtbühne, direkt zu einem

Freundschaftsinsel
Pergola mit Rittersporn, Kletterrosen und Herkulesstaude

Aussichtspunkt am äußersten östlichen Ende der Insel, mit schönem Blick zum Flatowturm im Babelsberger Park und in die Nuthemündung. Über die zur BUGA entstandene neue Inselbrücke über die Alte Fahrt führt der Weg in die Innenstadt. Die großzügig angelegte Spiellandschaft, deren Mitte ein phantasiebeflügelndes Schiffswrack mit Spielmöglichkeiten für verschiedene Altersgruppen von Kindern und ein Wasserspielplatz als Hafen bilden, liegt behaglich eingebettet zwischen lebendigem Grün und Havelgewässer.

Die Mitte des Inneren Staudengartens bildet eine große Rasenfläche, welche von den Torhäusern kommend weit in den Garten hineinreicht. Einige alte Einzelbäume (Linde, Bergahorn, Kastanie) bilden die Kulisse und künden von Beständigkeit. Jeder von ihnen ist im Vorfrühling unterlegt mit einem zarten Blütenteppich aus Tausenden von Schneeglöckchen, Winterlingen, Veilchen, Szilla, Märzenbechern und Wildkrokussen.

Drumherum, wohlgegliedert nach Themen und Entstehungszeit geordnet, die Pflanzungen, ganz in Foersterschem Sinne mit blühenden Stauden, mannshohen Ziergräsern und duftenden Parkrosen. Dazwischen Dutzende von Sitzmöglichkeiten auf schönen weißen Gartenbänken, manchmal spenden Rankgerüste den notwendigen Schatten. Eine wahre Oase der Ruhe.

Wie in einem Botanischen Garten werden auf über 5.000 Schildern Informationen zu den verwendeten Einzelpflanzen und auf größeren Tafeln die jeweiligen Erläuterungen zum Thema der Pflanzung gegeben. Über 100.000 Stauden und 35.000 Blumenzwiebeln wurden neu gepflanzt. So birgt der Garten heute:

2.500 Beetrosen in 30 Sorten,
65 Sorten Strauch- und Kletterrosen sowie
1.200 Sorten Gräser, Farne, Blüten- und Blattschmuckstauden, davon:
ca. 100 Sorten von Schwertlilien (Iris),
50 Taglilien (Hemerocallis),
25 Pfingstrosen (Paeonia),
30 Astern,
30 Rittersporne (Delphinium),
50 Flammenblumen (Phlox),
20 Sonnenbräute (Helenium) und
15 Chrysanthemen (Dendranthema).

Für den an Gehölzen interessierten Besucher finden sich in allen Gartenteilen zahlreiche bemerkenswerte, oft seltene Baum- und Straucharten. So gehören die heute riesigen Feuerdornbüsche, die großen Gruppen von Chinesischem Flieder und die immergrünen Berberitzen zu den von Mattern bevorzugt verwendeten Gehölzen. In den 50er-Jahren gepflanzt, bilden Urweltmammutbaum (Metaseqoia glyptostroboides),

Freundschaftsinsel
Bronzeplastik Harmonie von D. Rohde, 1973

Japanischer Perlschnurbaum (Sophora japonica), Schwedische Mehlbeere (Sorbus intermedia) und Ginkgobaum (Ginkgo biloba) inzwischen stattliche Exemplare. Blütengehölze, darunter Zieräpfel und -kirschen, Schneeball- und Forsythienarten sowie ein Schneeglöckchenstrauch (Halesia carolina) bereichern den Blütenreigen im Frühjahr.

Am Torhaus mit dem goldenen Schwan darauf befindet sich der Rosengarten, der den 70er-Jahren gewidmet ist und so andernorts längst verschwundene Züchtungen aus DDR-Zeiten enthält. Zu den in typischen geometrischen Formen gepflanzten Rosen bilden geschlängelte, überwiegend flache Staudenpflanzungen in Blau und Grau mit Akzenten von einzelnen Gräsern und Königskerzen den notwendigen Kontrast. Blühende Kletterrosen spiegeln sich in den großen Glasflächen des Ausstellungspavillons.

Schiff auf der Havel
Blick über die Neue Fahrt auf den Turm der Seniorenresidenz

Unmittelbar daneben die Wasserachse mit den vier sprudelnden Fontänen, seerosenbepflanzten Becken und einer Sumpflandschaft, überspannt von zwei kleinen Brücken, über die man in das Innere des Gartens mit dem Bereich für die Kleinstauden und den Findlingsgarten gelangt.

An der gegenüberliegenden Seite, direkt an der Alten Fahrt, erstreckt sich Matterns Pergola, wirkungsvoll Kletterrosen und Clematis Halt gebend. Sie wird auf ihrer gesamten Länge gartenseitig begleitet von einer kostbaren Sammlung alter Sorten Schwert- und Taglilien sowie Wieseniris.

Der mächtige, 250 Jahre alte Torso einer einst riesigen Schwarzpappel ist Namensgeber des interessant gepflasterten Platzes darunter, welcher den gartengestalterischen Abschluss in östlicher Richtung bildet. Auf der Terrasse dahinter kann man bei einer Tasse Kaffee rasten und den Blick zurück in den Garten genießen. Schöne dunkle Schieferwege führen zum Heide- und Gräsergarten mit Zwergbirke, Dschunken- und Säulenwacholder.

Ein Novum besteht in der Anpflanzung von über 200 Staudenzüchtungen Karl Foersters, die in einer europaweiten Suchaktion zusammengetragen wurden. Nach Arten getrennt, in Sorten nebeneinander gut zu vergleichen, erstreckt sich diese einmalige Sortenschau entlang des Hauptweges vom Karl-Foerster-Denkmal am Ende der Rasenfläche bis fast zum Adlertorhaus.

Wie man seinem Kind einen schönen Namen gibt, so hat Foerster seine Pflanzenzüchtungen, darunter auch seine bis heute berühmten **Rittersporne** unter anderem mit Namen wie »Gletscherwasser«, »Morgentau«, »Jubelruf«, »Kleine Nachtmusik« oder »Tempelgong« und seine Flammenblumen mit »Juliglut«, »Landhochzeit«, »Nachbars Neid« oder sogar »Wenn schon denn schon« ausgestattet.

Den Abschiedsgruß nach einem Rundgang über das blühende Eiland erhält der Besucher vom »Gärtnerjungen«, einer Bronzeskulptur von 1963 (K. H. Schamal), und einem großartigen Blick auf das Gebäudeensemble Nikolaikirche, Altes Rathaus und Torhäuser.

Ein Besuch der Freundschaftsinsel lohnt zu jeder Jahreszeit, zumal die Pflanzungen entsprechend des Titels des Foerster-Buches »Es wird durchgeblüht« angelegt sind. Höhepunkte liegen zur Zeit der Iris-Blüte im Mai/Juni, zur Hauptblüte von Rittersporn und Rosen im Juni, von Phlox im August und im Herbst zur Blüte der Astern und Chrysanthemen. Im schönsten Licht erstrahlt alles gegen Abend.

Auf der sommerlichen Insel gibt es nicht nur auf der Freilichtbühne, meist an den Wochenenden, zahlreiche Kulturveranstaltungen. Der Pavillon bietet ein wechselndes Ausstellungsprogramm. Gartenführungen werden regelmäßig angeboten und können auf Wunsch vereinbart werden.

Freundschaftsinsel
Rekonstruktion schloss auch Parkbänke mit ein

Reicher Schatz Blütengehölze
Zwei alte Malus floribunda

Inmitten der Stadt
Ruhepol und Naturerlebnis Freundschaftsinsel

Sie interessieren sich
für preussische Kunst und Geschichte?

Sie wollen mehr erfahren
über die Schlösser und Gärten in Berlin und Brandenburg?

PORTICUS

Das Besuchermagazin der Stiftung
Preußische Schlösser und Gärten
Berlin-Brandenburg

Zweimal jährlich informiert das Magazin über:

Neue Ausstellungen und Eröffnungen,
Bau- und Restaurierungsvorhaben,
Führungen und andere Veranstaltungen
und gibt Tips für neue Entdeckungen.

Jahresabonnement für 9,00 DM über:

Stiftung Preußische Schlösser und Gärten
Berlin-Brandenburg, Pressereferat
PF 601462, 14414 Potsdam

Sanssouci
Sizilianischer Garten

Die Potsdamer Gartenlandschaft

Von Lennés Visionen zum Gartenerlebnis

Gert Streidt

In aller Kürze

Erste urkundliche Erwähnung Potsdams 993 mit dem Namen Potztupimi. 1345 bekam der Ort Stadtrecht. Bedeutung erlangte Potsdam Mitte des 17. Jahrhunderts unter Kurfürst Friedrich Wilhelm. Potsdam wurde **zweite Hauptresidenz** der Hohenzollern und Garnisonstadt. Prägendste Epoche im 18. Jahrhundert war die Regierungszeit **Friedrichs des Großen** mit der Entstehung der Schloss- und Parkanlage von Sanssouci mit Weinberg, Ruinenberg, Bildergalerie, Neuen Kammern, Chinesischem Haus, Neuem Palais und Belvedere auf dem Klausberg. Eine zweite große Gestaltungsphase erlebte Sanssouci in der Mitte des 19. Jahrhunderts unter **Friedrich Wilhelm IV.** mit Schloss und Park Charlottenhof, Römischen Bädern, Marlygarten mit Friedenskirche, Orangerie mit Sizilianischem und Nordischem Garten sowie der Gestaltung des Ruinenbergs.

Rings um den Jungfernsee der Havel liegen die großen Gärten: Neuer Garten am Heiligen See, der erste Landschaftsgarten in Potsdam (1787–1793), angelegt in der Regierungszeit Friedrich Wilhelms II. Besondere Architekturen: frühklassizistisches Marmorpalais (1787–91) und Schloss Cecilienhof (Potsdamer Abkommen), im engl. Landhausstil (1914–18); Pfaueninsel, romantischer Landschaftsgarten mit Schloss aus dem Ende des 18. Jahrhunderts; Glienicke, Landschaftsgarten mit Schloss und Casino italienischer Prägung; Babelsberg, klassischer Landschaftsgarten mit neugotischem Schloss; Sacrow, Landschaftsgarten mit Heilandskirche und Schloss.

Im 19. Jahrhundert schufen die Architekten **Karl Friedrich Schinkel** und der Landschaftsgestalter **Peter Josef Lenné** mit der Potsdamer Gartenlandschaft ein Gesamtkunstwerk, das seit 1990 auf der Welterbeliste der UNESCO steht.

Die Potsdamer Gartenlandschaft

Die Wurzeln für Potsdams heutige europaweite Ausstrahlung als Stadt der Architektur und Gartenkunst gehen bis in die Mitte des 17. Jahrhunderts zurück. Damals hatte der brandenburgische Kurfürst Friedrich Wilhelm, der Große Kurfürst, sich für die schöne landschaftliche Lage der Stadt begeistert und mit dem Bau eines Stadtschlosses begonnen. Künstlerischer Ratgeber des Kurfürsten war sein Statthalter von Kleve, der weit gereiste Johann Moritz von Nassau-Siegen, der in einem Brief aus dem Jahre 1664 die Empfehlung gab, das »gantze Eyland« in Potsdam in ein »Paradies« zu verwandeln. Um Potsdam herum wurde ein Kranz von Lustschlössern gebaut – das in der Ortschaft Caputh hat sich bis in unsere Tage erhalten und ist heute Museumsschloss –, die untereinander durch Alleen verbunden waren. Mit seiner Entscheidung für Potsdam als zweite Residenz neben Berlin begründete der Große Kurfürst eine Tradition, der alle seine Nachfolger treu blieben.

Potsdam wurde Fürstenstadt und bis zur Abdankung der Hohenzollern 1918 geprägt durch deren Kulturniveau und Kunstauffassung. Fast jeder König fügte der Landschaft eine eigene Residenz hinzu und verstand es dabei, immer herausragende Künstler zu beauftragen, die in ihrem Denken auf der Höhe der Zeit oder, wie z. B. bei Schinkel und Lenné, künstlerische Entwicklungen vorwegnahmen und in Potsdam beispielgebende Werke schufen.

Die prägendste Epoche im 18. Jahrhundert war die fast fünfzig Jahre währende Regierungszeit Friedrichs des Großen, der in Potsdam nicht nur eine reiche architektonische Stadtgestalt, sondern auch die außerhalb der Stadt in die Landschaft komponierte Schloss- und Parkanlage von Sanssouci hinterließ. Das 19. Jahrhundert bescherte Potsdam eine Sternstunde, indem der Architekt Karl Friedrich Schinkel und der Landschaftsgestalter Peter Joseph Lenné über mehrere Jahrzehnte mit gemeinsamen Aufgaben betraut wurden und ein

Gesamtkunstwerk schufen, das die UNESCO im Jahre 1990 als höchst schützenswertes Kulturgut der Menschheit in die Welterbeliste aufnahm.

Die damals gestaltete Gartenlandschaft beruhte auf Lennés Vision, die alten Gärten des 18. Jahrhunderts mit neuen, unter seiner Leitung entstehenden Gärten zu einer übergreifenden Einheit zu verbinden. Als verbindendes Element nutzte Lenné die Havel, an deren Ufern und Seen er die verschiedenen Gärten so in die Landschaft einband, dass sich lange Sichtverbindungen zwischen den Gärten und zu anderen herausgehobenen Punkten in der Landschaft ergaben. Die entstandenen malerischen Bildfolgen gingen von der natürlichen Schönheit der Havellandschaft aus, die durch die gestalterischen Eingriffe Lennés und die Bauwerke Schinkels und seiner Schüler gleichsam zu einer höheren Stufe entwickelt wurde. Die dahinter stehende Idee einer harmonischen Verbindung von Mensch und Natur begeistert die Besucher von Potsdam bis heute.

Fast dreißig Jahre war die Gartenlandschaft durch die Berliner Mauer getrennt. Erst 1989 ergab sich erstmals wieder die faszinierende Möglichkeit des Erlebens dieses Ensembles in seiner Gesamtheit. Viele Schäden an Gartenanlagen und Bauwerken waren zu beseitigen. Allein im Neuen Garten und im Park Babelsberg harrten die Gartenlandschaft, die durch die Grenzanlagen der Berliner Mauer fast bis zur Unkenntlichkeit zerstört waren, der Wiederherstellung. Ein bis dahin einmaliges Programm für Denkmalpflege und Restaurierung ermöglichte die Wiederherstellung einer Vielzahl historischer Bauwerke und der Gartenlandschaft, darunter des Neuen Palais, des Belvederes auf dem Klausberg, der Bildergalerie, des Chinesischen Hauses, des Marmorpalais, des Schlosses Babelsberg, des Belvederes auf dem Pfingstberg und der dazu gehörenden Gartenanlagen. Nun fügt die Bundesgartenschau zu Beginn des neuen Jahrtausends den historischen Gärten neue, aus dem heutigen Geist geborene, hinzu. Sie werden, indem sie der Erbauung und Erholung der Menschen dienen, die Intention von Lenné aufnehmen und in unsere Zeit übertragen.

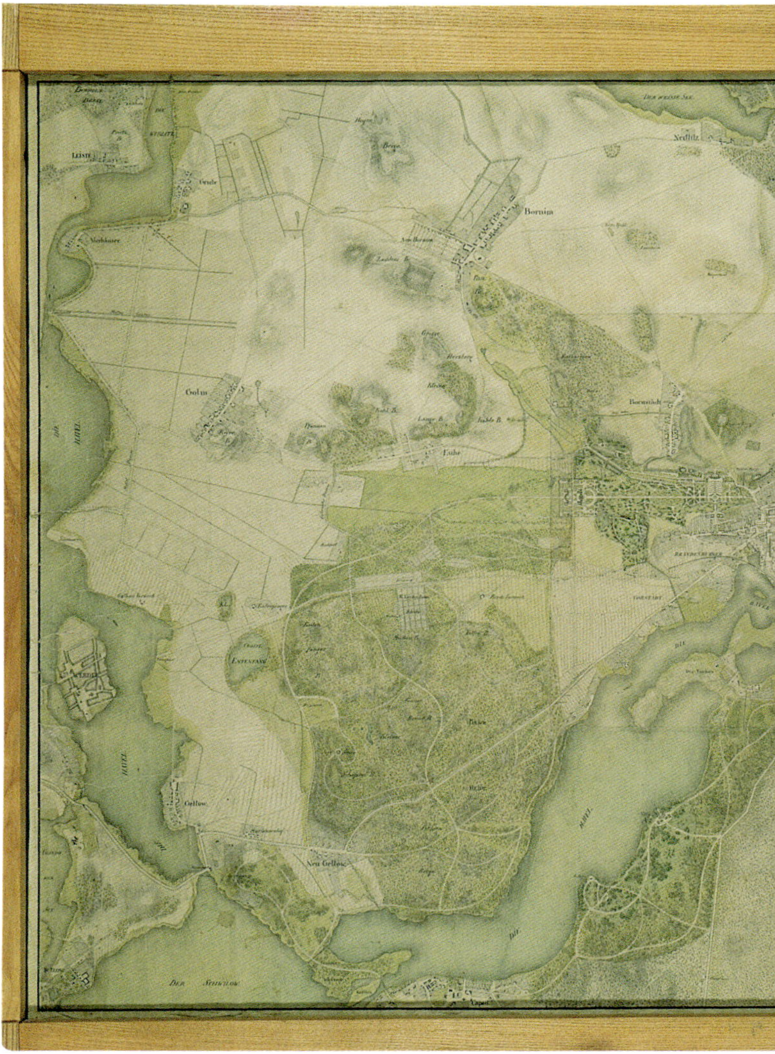

Bornim
Golm
Bornstädt
Eiche
Gellow
Neu Gellow
Der Schwilow

Verschönerungsplan der Umgebung von Potsdam
Peter Joseph Lenné, 1833

Sanssouci

Die Geschichte von Sanssouci begann im Jahre 1744 mit der Ordre Friedrichs des Großen, den vor den Toren von Potsdam gelegenen so genannten »wüsten Berg« zu terrassieren und einen Weinberg anzulegen.

Bis zu seinem Tod 1786 arbeitete Friedrich unablässig am Ausbau des als junger König Begonnenen. Noch zu seinen Lebzeiten verbreitete sich in Europa – unterstützt von Kupferstich-Mappenwerken, den Vorläufern der heutigen Bildbände – die Kunde von der Schönheit und dem künstlerischen Reichtum der Anlage. Auch die meisten Nachfolger Friedrichs auf dem preußischen Königsthron hinterließen ihre Spuren in Sanssouci, bauten aus, veränderten, immer entsprechend dem Zeitgeschmack und den individuellen Ambitionen des jeweiligen Herrschers. So entstanden in fast zwei Jahrhunderten eine Vielzahl von Einzelgärten im Ensemble des Parks, die der heutige Besucher auch als Schule der Gartenkunst erleben kann.

Der wichtigste Ideengeber für die Grundstruktur des Parks unter Friedrich dem Großen war wohl der Architekt Georg Wenzeslaus von Knobelsdorff, der auch das Schloss erbaute. Er verstand es meisterhaft, die Vorstellungen und Wünsche des Königs in eine künstlerische Form zu bringen. Was 1744 als Obstplantage begonnen hatte, reifte in den folgenden Jahrzehnten zu einem geschlossenen Ensemble von Architektur und Gartenkunst. Nicht nur, dass auf dem Weinberg schon 1745 mit dem Bau des Schlosses Sanssouci begonnen wurde, parallel dazu entwickelten sich die Pläne für eine Erweiterung der zunächst aus Schloss, Weinberg und Gartenparterre bestehenden Anlage nach Osten und Westen. In dieser Ausdehnung erstreckt sich ein 38 Meter über dem Havelspiegel liegender Höhenzug, der gleichsam das »Rückrad« des entstehenden Parks abgeben sollte. Auf diese Weise entstand vor der Stadt mitten in der Landschaft ein Park, in dem die Landschaft von Anfang an als bewusstes Gestaltungselement einbezogen wurde. Die weit reichenden Folgen, die diese Entscheidung haben würde, konnte zu die-

Schloss Sanssouci mit Weinberg
Oder: Schönheit und Nützlichkeit

sem Zeitpunkt sicher noch niemand übersehen, aber für die achtzig Jahre später gereifte Idee von Peter Joseph Lenné für die übergreifende Gestaltung der gesamten Landschaft um Potsdam war eine wichtige Grundlage geschaffen.

Das Herz des Parks ist gleichzeitig sein ältester Teil: Schloss Sanssouci, Weinberg und Gartenparterre mit dem Großen Fontänenrondell. Im Parterre wurde Mitte der neunziger-Jahre die ursprüngliche barocke Struktur mit Blumenbroderien und regelmäßigen Partien rekonstruiert, die einen Eindruck vom ursprünglichen Aussehen vermittelt. Die hohen Marmorsäulen und Wannen aus Marmor sowie das sehr große Fontänenbecken mit den zum Ausruhen einladenden halbrunden Bänken rundum muss man sich allerdings wegdenken, das sind Zutaten aus dem 19. Jahrhundert.

Lendelallee
Grabenstr.
Lindstedter Chaussee
Amundsenstr.
Teufelsbrücke
Eichenallee
Bornstedt
Friedhof
Schloss Lindstedt
Belvedere auf dem Klausberg
Drachenhaus
Am Drachenberg
Maulbeerallee
Abzweig nach Eiche
Am Neuen Palais
Drachenhaus
Botanischer Garten
Lindstedter Weg
Prinzen-spielburg
Universität Potsdam/ Botan. Institut
Linden-allee
Universität Potsdam
Antiken-tempel
Park Sanssouci
Mopke
Neues Palais
Communs
Freundschafts-tempel
Ökonomieweg
Neues Palais
Park Charlottenhof
Lindenavenue
Am Neuen Palais
Kaiserbahnhof
695
Hippodrom
Schloss Charlottenhof
Fasanerie
Bhf Park Sanssouci
Geschwister-Scholl-Str.

Ruinenberg
Ruinenbergstr.
Jäger-
vorstadt
Born-
stedter
See
Krongut
Bornstedt
Bornstedter Str.
Brentanoweg
An der
Einsiedelei
Voltaireweg
Parkstr.
Schlegelstr.
Tieckstr.
An der Orangerie
Historische
Mühle
Schloß Sanssouci
Gregor-Mendel-Str.
Nordischer
Garten
Grabstätte
Felsentor
Schloss Sanssouci
Triumpftor
695
Bildergalerie
Neue Kammern
Sizilianischer
Garten
Neptun-
grotte
Große Fontäne
Oranien-
rondell
Mohren-
rondell
Obeliskportal
Hauptallee
Entführungs-
rondell
Musen-
rondell
Friedenskirche
Hegelallee/
Schopen-
hauerstr.
Marlygarten
Grünes Gitter
Allee nach Sanssouci
Am Grünen Gitter
Chinesisches
Haus
Schafgraben
Luisen-
platz
Zimmer-
platz
Zimmerstr.
Lennéstr.
Zeppelinstr.
Lennéstr.
Brandenburger
Vorstadt
Feuerbachstr.
Breite Str.
Feuerbachstr.
Erlöser-
kirche
Dampfmaschinenhaus
Hans-Sachs-Str.
Meistersingerstr.
C.-v.-Ossietzky-Str.
Nansenstr.
Clara-Zetkin-Str.
Sellostr.
94–96–X98
Auf dem
Kiewitt
Auf dem Kiewitt
Neustädter
Havelbucht
Geschw.-Scholl-Str.
Stiftstr.
Hans-Sachs-Str.
Bhf Charlottenhof

Orangerie mit westlicher Pflanzenhalle
Winterquartier für exotische Pflanzen

Der Park des 18. Jahrhunderts wurde beherrscht von farbigem Kies, gerahmten regelmäßigen Rasenstücken, niedrigen in geometrische Formen gebrachten Bäumen und Quartieren, die von zu Wänden geschnittenen Hecken eingefasst werden. In den Rondellen, zu denen sich die Hauptwege an wichtigen Punkten immer wieder ausweiten, standen Plastiken aus weißem Marmor und eine Fülle vergoldeter Bleiplastiken, so dass kritische Besucher meinten, im Garten des Königs von Preußen sähe man vor lauter Gold das Grün der Pflanzen nicht mehr.

Die Erweiterung des Parks nach Osten und Westen bedeutete eine Auflösung des barocken Prinzips der auf das Schloss ausgerichteten Hauptachse. Es entstand eine zwei Kilometer lange schnurgerade Hauptallee, die nicht auf das Schloss zu, sondern parallel dazu verläuft. Die Allee beginnt

Musenrondell
Ständig wechselnde Bilder entlang der Hauptallee

mit dem Obelisk im Osten und endet am Neuen Palais im Westen, von wo sie sich als lang gestreckte Lindenallee in der Landschaft verliert. Der Obelisk als Zeichen königlicher Repräsentanz kündigt gleichsam den Garten des Königs an, den man durch das gleichnamige Obeliskportal betritt. Beiderseits des Portals begrüßen Flora, die Blumengöttin, und Pomona, Göttin des Gartenobstes, die Besucher. Pomona weist auf eine Besonderheit des Parks im Unterschied zu anderen herrschaftlichen Gärten seiner Zeit: Sanssouci war nicht nur Zier-, sondern gleichzeitig Nutzgarten. Schon der Weinberg, auf dem das Schloss errichtet wurde, steht für den Gedanken der idealen Zusammenführung von Schönheit und Nützlichkeit. Nicht nur die in den verglasten Nischen des Weinbergs gezogenen Feigen und das an den Spalieren zwischen den Nischen gereifte Obst kamen auf die königliche Tafel, auch der Wein wurde gekeltert. Die Heckenquartiere im Park waren mit 3.000 Obstbäumen bepflanzt oder dienten dem Gemüseanbau. In den zahlreichen Parkgärtnereien gab es Treibhäuser für Orangen, Melonen, Ananas, Bananen und Pfirsiche.

Durch die gliedernde Funktion der Rondelle kann man den Park als eine Abfolge ständig wechselnder Bilder erleben. Wobei man ruhig auch einmal die Hauptallee verlassen und den seitlich in die Tiefe der Gartenräume führenden Wegen folgen sollte. Dass ein solches Erleben des Parks durchaus im Sinne der barocken Inszenierung ist, ist auch durch Ludwig XIV. bezeugt, der seine Gäste in Versailles so führte, das die Hauptachse immer nur gekreuzt, aber nie in ihrer Gesamtausdehnung abgeschritten wurde.

Das erste Rondell auf der Hauptachse wird Mohrenrondell genannt entsprechend der hier aufgestellten sechs aus schwarzem belgischem Marmor gefertigten Büsten. Der Blick aus dem Rondell geht zur Neptungrotte, einer kleinen Gartenarchitektur nach Plänen von Knobelsdorff, die im Gefüge des Parks das Ansteigen des Hügels einleitet, auf dessen höchster Erhebung das Schloss Sanssouci errichtet wurde. Neptun, der antike Gott des Meeres, steht für das Element Wasser, das Friedrich der Große in Gestalt vielfältiger Wasserspiele in Sanssouci plante. Leider reichten die technischen Möglichkeiten des 18. Jahrhunderts nicht aus, um als Voraussetzung dafür kontinuierlich Havelwasser in das auf dem Ruinenberg gelegene Wasserbecken zu pumpen. Erst in der Mitte des 19. Jahrhunderts ermöglichte eine von der Firma August Borsig in Berlin gebaute Dampfmaschine den lang ersehnten Fontänenbetrieb. Der als triumphal empfundene technische Fortschritt, der solches ermöglichte, fand seinen Ausdruck auch in der Architektur des in der Neustädter Havelbucht errichteten Dampfmaschinenhauses, dem auf Wunsch König Friedrich Wilhelms IV. die Form einer Moschee gegeben wurde.

Park Sanssouci
Marlygarten

Marlygarten

Es lohnt sich, schon in Höhe der Neptungrotte einen Abstecher von der Hauptallee in südlicher Richtung zu machen. Nach wenigen Schritten gelangt man in den von einer Mauer umschlossenen Marlygarten, der aus dieser Richtung nur durch die so genannte Heilandspforte zu betreten ist. Schon auf dem Weg zum Obeliskportal zeigte die Friedenskirche mit ihrem sich malerisch im gleichnamigen, künstlich angelegten Teich spiegelnden Kirchenschiff das architektonische Zentrum dieses Gartens an. Friedrich Wilhelm IV. bestimmte den Bau dieser Kirche, nachdem er 1840 König geworden war und Wohnung in Sanssouci genommen hatte. Das neue Gotteshaus war notwendig, da Friedrich der Große als Atheist auf die Einrichtung einer Schlosskapelle in seiner Sommerresidenz verzichtet hatte.

Lenné erhielt den Auftrag zur Gestaltung des auf die Kirche bezogenen Gartens, der auf dem Gelände eines 1715 vom Soldatenkönig Friedrich Wilhelm I. angelegten Küchengartens entstand. Nur die alte Mauer blieb erhalten und umschloss wie eine Grenze zur Außenwelt das neue, künstlerisch vollendete, nur drei Hektar große Gartenreich.

Im Zentrum des an den Rändern dicht bepflanzten Gartens liegt eine weite, raffiniert modellierte Rasenfläche. Sie wird von einem Hauptweg umfasst, der im Süden licht und hell, im Norden durch dichte Bepflanzung dunkel und geheimnisvoll wirkt. Vom Hauptweg zweigen immer wieder schmale Spazierwege ab, von denen sich die räumliche Gliederung des Gartens am besten erleben lässt. Die Ordnung der Baumgruppen bündelt die Sichten durch den Garten und zur Friedenskirche. Um einen Sitzplatz auf einer leichten Bodenerhebung, dem Floraberg, mit der Plastik einer Blumengöttin aus weißem Marmor, breitet sich ein in Blütenform gestaltetes Blumenbeet aus. Weitere Blumenstücke, Plastiken, Laubengänge und eine blau-weiße Säule aus Glasstäben gehörten zum Stimmungsbild dieses an philosophisch-religiöser Symbolik überreichen Gartens.

Zurückgekehrt auf die Hauptallee, folgt auf das Mohrenrondell das Oranienrondell. Es erhielt seinen Namen nach den Büsten der Angehörigen aus dem Haus Oranien, mit dem die Hohenzollern verwandtschaftlich verbunden waren. Die wichtigste Sicht aus dem Rondell ergiebt sich zur Bildergalerie Friedrichs des Großen, deren Inneres den grandiosen Eindruck eines barocken Galerieraumes erleben lässt. Der Gartenraum, in dem ursprünglich Obstbäume kultiviert wurden, ist ganz auf das Galeriegebäude bezogen, das sich mit großen Fenstern nach Süden zum Park hin öffnet.

Wurde das Oranierrondell in seiner Wirkung schon durch ein Fontänenbecken gesteigert, so weist das nun folgende weite Rund des Großen Fontänenrondells auf die künstlerische Mitte des Parks. Die mächtige Fontäne, die sich auf 38 Meter Höhe bringen lässt, machte eine Erweiterung des Beckens, das im 18. Jahrhundert wesentlich kleiner war, notwendig. Die zwölf Plastiken, Darstellungen antiker Gottheiten sowie der vier Elemente, mussten auf Grund des größeren Beckens nach außen versetzt werden, dazwischen wurden die halbrunden Marmorbänke eingefügt. Breite Wege, eine üppige Bepflanzung mit Sommerblumen und die Vielzahl der Ausblicke in die Weiten des Parks machen das »Promenieren« im Gartenparterre am Fuße des Weinbergs zu einem Muss für alle Sanssouci-Besucher!

Einhundertzweiunddreißig Stufen führen den Weinberg herauf zur obersten Terrasse. Weingöttinnen und Weingötter, Plastiken aus Sandstein beleben die Gartenseite des Schlosses. Auf der anderen Seite, der Eingangsfront, bildet eine Kolonnade aus achtundachtzig paarweise angeordneten korinthischen Säulen den Ehrenhof des Schlosses. Die Säulen geben den Rahmen für die Ausblicke in die nördlich von Sanssouci liegende Landschaft. Eine breite Öffnung zwischen den beiden Enden der Kolonnade eröffnet den Blick auf den dem Schloss gegenüberliegenden Ruinenberg.

Ruinenberg

Friedrich der Große ließ im Zusammenhang mit dem Schlossbau den Berg mit einem Ensemble künstlicher Ruinen schmücken: einer Mauer, die an das Kolosseum in Rom erinnert, einem verfallenen Tempel, einer Pyramide, dazu im Vordergrund drei mächtige Säulen. Die Ruinen sind zum Teil direkte Zitate antiker Bauten, die von Friedrich dem Großen als Vorbild empfunden wurden. Durch dieses Arrangement grüßte gleichsam das antike Rom in das Sanssouci des 18. Jahrhunderts.

Fast einhundert Jahre später strebte Lenné die Gestaltung des bisher eher schmucklosen Geländes rings um den Ruinenberg an. Er entwarf ein Netz aus Panoramawegen und Serpentinen, die reizvolle Ausblicke in die Landschaft gestatten. Dazu gehören auch Sichten auf die an Italien erinnernde Silhouette des Dorfes Bornstedt mit Krongut und Kirche.

Auch hier wurde die Verbindung von Schönheit und Nützlichkeit angestrebt, indem die Felder durch Heckenpflanzungen in die Gestaltung eingebunden waren. Und um der neu geschaffenen Schönheit auch zur nötigen Geltung zu verhelfen, ließ Friedrich Wilhelm IV. den Architekturen auf dem Ruinenberg einen Aussichtsturm in »normannischen« Formen hinzufügen, der einen panoramaartigen Rundblick über die neu entstandenen Anlagen, Sanssouci und Potsdam bis weit in die Havellandschaft bot. Der Turm wurde im Zweiten Weltkrieg zerstört und kann anlässlich der Bundesgartenschau mit Spenden und Fördergeldern endlich wieder aufgebaut werden. Den Besu-chern wird sich nicht nur die Aussicht auf die historischen Gärten bieten, sondern ebenso auf den neuen Park am Born-stedter Feld und die wieder hergestellte Lennésche Feldflur.

Zurückgekehrt auf die Hauptallee, stellt das dem Großen Fontänenrondell folgende Rondell das Gegenstück zum Oranienrondell dar: Von Hecken eingefasst, mit Marmorplastiken und einer Fontäne geschmückt, gibt es den Blick frei zu den Neuen Kammern, dem Gästeschloss Friedrichs des Großen. Das eingeschossige breit gelagerte Bauwerk mit seiner kuppelbetonten Mitte nimmt Bezug auf die Bildergalerie, so dass eine fast symmetrische Anlage mit dem Schloss Sanssouci als Zentrum entsteht. Weiter zum Neuen Palais hin entfaltet sich von hier ein vielteiliger Heckengarten mit dem Musenrondell als Zentrum, vom dem sich ganz nach der barocken Gartentheorie die Wege in der Form des »Gänsefußes« verzweigen. In südwestlicher Richtung liegt das Chinesische Haus, eine exotische Gartenarchitektur im Geschmack der Chinamode des 18. Jahrhunderts. Geht man nach Norden, gelangt man in den Sizilianischen und den Nordischen Garten, zwei kleinteilige, als Gegenstücke aufeinander bezogene in sich abgeschlossene Gärten, die Peter Joseph Lenné zwischen 1857 und 1860 im Zusammenhang mit dem Neubau der Orangerie gestaltete. Deren imposante, an italienischen Renaissancevillen orientierte Doppelturmanlage eröffnet sich von einem weiteren Rondell aus. Davor liegt ein nach Plänen Lennés gestalteter Terrassengarten, der 1913, zum 25. Regierungsjubiläum Kaiser Wilhelms II., um eine neobarocke Treppen-und Fontänenanlage erweitert wurde.

Am Ende der Hauptallee liegt der größte Schlossbau in Sanssouci, das Neue Palais, das Friedrich der Große nach dem Siebenjährigen Krieg errichten ließ. Nordöstlich davon erscheint auf der Anhöhe des Klausbergs das ebenfalls unter Friedrich 1770/72 erbaute Belvedere mit seinem leuchtend hellen Anstrich. Fast hat man den Eindruck, als ob der König mit diesem Aussichtsbauwerk noch einmal einen Punkt schaffen wollte, von dem aus sich der seit 1744 entstandene Park Sanssouci noch einmal überschauen ließ.

Charlottenhof

Nach dem Heckengarten geht das südlich der Hauptallee gelegene Areal in die weiten Wiesenflächen des ca. fünfzig Jahre nach Abschluss der Arbeiten in Sanssouci entstandenen Parkes Charlottenhof über. Die Gestaltung dieses Parks – Friedrich Wilhelm III. hatte das Gelände 1825 seinem Sohn, dem Kronprinzen Friedrich Wilhelm IV. zu Weihnachten geschenkt – bot Lenné die Chance für eines seiner Meisterwerke. Er hatte das Areal als Erweiterung von Sanssouci schon länger im Blick und auch bereits einen Entwurf für die Gestaltung fertig gestellt, der in Zusammenarbeit mit Schinkel und dem Kronprinzen immer weiter verdichtet wurde. Das Gelände stellte besondere Anforderungen, denn es war flach, verfügte über keine exponierte Lage, die reizvolle Fernsichten ermöglicht hätte. Lenné nahm die Gegebenheiten als besondere Herausforderungen: Er überformte das gesamte Areal und schuf eine Ideallandschaft, in der man die ordnende Hand des Gartenarchitekten erst auf den zweiten Blick bemerkt. Eine Vielzahl von Einflüssen bündelt sich in Charlottenhof. Die Anlage offenbart die Kenntnis der antiken Villen, der französischen Revolutionsarchitektur und des englischen Landschaftsgartens. Kein Fußbreit Boden blieb bei der Gestaltung von Charlottenhof unberührt, alles wurde einer faszinierenden, übergreifenden Idee untergeordnet.

Park Charlottenhof
Blick aus dem Rosengarten auf das Schloss

Schon die ersten Planungen Lennés verfolgten das Ziel, den neuen Garten mit den alten friderizianischen Partien organisch zu verbinden. Es entstand ein klassischer Landschaftsgarten, von der Außenwelt durch dichte Bepflanzung abgeschirmt, ein sich selbst genügender Mikrokosmos. Weite, durch Gehölzgruppen akzentuierte Wiesenflächen bestimmen das Bild. Durch die geschickte Anordnung und Staffelung der Bäume, Baumgruppen und Sträucher schuf Lenné lange Sichtachsen, die dem Garten Tiefe verleihen und zugleich ein spannungsvolles Verhältnis zwischen Nähe und Ferne schaffen. An den Enden der Sichten fangen Architekturen den Blick auf, neu errichtete wie Schloss Charlottenhof und die Römischen Bäder und die alten aus dem 18. Jahrhundert, darunter das Neue Palais. Den Park umfasst ein breiter Fahrweg, ein so genannter Drive, vom dem aus sich die Szenerie der Bilder erschließt. Vom Drive zweigen schmale Spazierwege in die

Park Charlottenhof
Blick auf das Schloss

Tiefen des Parks ab. Die Wege kreuzen sich an von Baumgruppen überwölbten Punkten. Zwei, drei, vier, manchmal auch fünf Wege: Keiner offenbart, wohin er führt. Der im Park Wandelnde muss entscheiden, in welche Richtung er geht. Die Wege liegen tiefer als die Wiesen, so dass der Blick ihrem Verlauf nicht zu folgen vermag. Im Umfeld der Architekturen verdichtet sich die Gestaltung zu einer reich gegliederten Folge verschiedener Gartenräume.

Das Schloss, von Schinkel in der Form einer römischen Villa auf dem Fundament eines alten, aus dem 18. Jahrhundert stammenden Gutshauses errichtet, ist in eine sich von Ost nach West entwickelnde Abfolge wechselnder Bilder eingebunden. Die Szenerie beginnt am künstlich angelegten Maschinenteich – mit seinem Aushub wurden die Bodenmodellierungen in Charlottenhof geschaffen –, setzt sich über den

Jung
692
Höhenstraße
Meierei
Muschelgrot
Am Pfingstberg
Langhansstr./
Gr.Weinmeisterstr.
Große Weinmeisterstr.
Langhansstr.
Am Neuen Garten
Schloß
Cecilienhof
Belvedere
auf dem
Pfingstberg
Schloß
Cecilienhof
Pomonatempel
Pfingstberg
Jüdischer
Friedhof
Neuer
Garten
Leistikowstr.
Puschkinallee
Pfingstkirche
Alexander-
Newski-
Kapelle
Hessestr.
Persiusstr.
Glumestr.
Persiusstr.
Glumestr.
Rotes
Haus
Pyramide
Kapellen-
berg
Am Neuen Garten
Kl. Weinmeisterstr.
Russ. Kolonie
Siedlung
Alexandrowka
Marmor-
palais
Beyerstr.
Puschkin-
allee
Am Neuen Garten/
Gr.Weinmeisterstr.
Orangerie
Nauener
Vorstadt
692
90 – 92 – 95
Seestr.
Holländisches
Etablissement
Mühlen-
weg
Birkenstr./Alleestr.
Heiliger
See
Portiers-
haus
Alleestr.
Reiterweg/
Alleestr.
Eisenhardtstr.
Hebbelstr.
Am Neuen Garten
Mangerstr.
Helmholtzstr.
692
Friedrich-Ebert-Str.
Bertha-
von-Suttner-Str.
Gotische
Bibliothek
Palais
Lichtenau
Otto-Nagel-Str.
Mangerstr.
Behlertstr.
Otto-

nsee
Quapphorn
Havel
nes Haus
Hasengraben
Tizianstr.
Böcklinstr.
Schwanenallee
Menzelstr.
Tizianstr.
Rembrandtstr.
X93 116
Glienicker Brücke
Königsstr.
Casino Glienick
Glienicker Brücke
Glienicker Lake
Berliner Vorstadt
Ludwig-Richter-Str.
Bundesvermögensamt
93
Glienicker Lake
Glienicker Horn
Mangerstr.
Schloss Babelsberg
Kleines Schloss
Tiefer See

Rosengarten und die Gartenterrasse bis zum Schloss fort, um dann nach dem Hain aus 192 Kastanien hinter hohen Bäumen im Hippodrom, einer aus Pflanzen nachgestalteten antiken Arena, zu enden.

Auch die Römischen Bäder mit ihren spannungsvoll gegliederten verschiedenen Bauteilen, die italienisches Flair nach Potsdam transponieren, sind durch eine Fülle von Blickverbindungen in das Gesamtgefüge des Parks eingebunden. Auf diese Weise erschließen die Bilder von Charlottenhof dem Besucher immer wieder neue ungeahnte Sichten in eine ideal gedachte Wirklichkeit.

Neuer Garten

Der zweite der großen historischen Gärten in Potsdam ist der Neue Garten, der unmittelbar nach dem Park Sanssouci entstand. Er breitet sich auf ebenem Gelände längs dem Ufer des Heiligen Sees und des Jungfernsees aus. Seine Entstehung fällt in die Regierungszeit Friedrich Wilhelms II., mit dem eine neue Kunstauffassung in Preußen Einzug hielt. Friedrich Wilhelm II. – er folgte Friedrich dem Großen auf dem Thron, der Preußen fast ein halbes Jahrhundert lang regiert hatte – stand den in der Architektur zur Geltung kommenden klassizistischen Bestrebungen ebenso aufgeschlossen gegenüber, wie er sich in der Gartenkunst für den Landschaftsgarten begeisterte. Für seinen, im Vergleich zu Sanssouci, Neuen Garten engagierte Friedrich Wilhelm den aus Wörlitz stammenden Johann August Eyserbeck. Schon als Kronprinz hatte Friedrich Wilhelm die Dessau-Wörlitzer Gartenlandschaft bewundert, weshalb die Entscheidung für diesen Gartengestalter sicher kein Zufall war. Auch seine Mätresse Wilhelmine Encke, die ihm in künstlerischen Dingen eine kluge Beraterin war, stammte von dort.

Zwischen 1787 und 1793 schuf Eyserbeck am Heiligen See einen empfindsamen Landschaftsgarten mit malerischen Bildfolgen, die durch Staffagebauten akzentuiert wurden.

Neuer Garten und Heiliger See
Blick auf Marmorpalais mit Küchengebäude

Bei deren Gestaltung fanden verschiedenste historische Stilformen Verwendung. Das Küchengebäude erhielt die Form eines halb versunkenen Tempels und der Eiskeller die Gestalt einer Pyramide. Die Bibliothek wurde »gothisch« gebaut und die Meierei »normannisch«. Einige Winzerhäuser der Weinberge, die sich vormals auf dem Gelände des Neuen Gartens befunden hatten, wurden in die Gestaltung einbezogen und erhielten entsprechend ihres Anstrichs die Namen Rotes, Grünes, Weißes und Braunes Haus.

Peter Joseph Lenné überarbeitete nach 1817 den Neuen Garten, der sich inzwischen über eine Fläche von 74 Hektar erstreckte. Er schuf großzügige Sichtachsen, so dass weite Gartenräume entstehen und auf diese Weise die geringe Breite des Garten geschickt überspielt wird. Durch die Einbeziehung der vorgefundenen Gartenarchitekturen in die

Neuer Garten
Schloss Cecilienhof

neu geschaffenen Gartenräume entstanden Bilder von weit ausstrahlender Wirkung. Zu den bis heute schönsten Fernsichten in der Potsdamer Kulturlandschaft gehört der weite, sich über zwei Wasserspiegel erstreckende Blick zum Schloss auf der Pfaueninsel.

Der zentrale Schlossbau im Neuen Garten ist das Marmorpalais, ein Höhepunkt frühklassizistischer Architektur in der Berlin-Potsdamer Baukunst. Carl von Gontard und Carl Gotthard Langhans errichteten den Bau zwischen 1787 und 1791 direkt am Ufer des Heiligen Sees. Durch die Lage am Wasser erhält das Marmorpalais einen starken Landschaftsbezug, den die Kuppel mit einer weithin sichtbaren vergoldeten Figurengruppe noch steigert.

Fünfzig Jahre später ließ Friedrich Wilhelm IV. auf dem sich über den Neuen Garten erhebenden Pfingstberg ein Belvedere erbauen, das zu den dominierenden Bauwerken in der Potsdamer Kulturlandschaft gehört. Ganz der italienischen Renaissance verpflichtet, mit einer weit ausstrahlenden Doppelturmanlage, ist das Belvedere vor allem Schauarchitektur und das im doppelten Sinn. Es liegt als herausgehobener Blickpunkt in der Landschaft und bietet umgekehrt

»die schönste Aussicht« von Potsdam. Lenné umgab 1862 das Belvedere mit einer den Pfingstberg und den Neuen Garten verbindenden Gartenanlage, deren am Hang großzügig geschwungene Wege weite Ausblicke in die Landschaft bieten. Darin eingebunden ist auch der Pomonatempel, ein im Jahr 1800 errichteter Gartenpavillon, das erste Bauwerk des damals gerade 18-jährigen Karl Friedrich Schinkel.

Am Beginn des 20. Jahrhunderts, während des Ersten Weltkriegs, entstand ein zweiter Schlossbau im Neuen Garten, Cecilienhof. Das Schloss war für den Kronprinzen Wilhelm und dessen Frau Cecilie gedacht. Die Pläne für den von Fachwerkelementen bestimmten Bau stammten vom Architekten Paul Schultze-Naumburg, der das Schloss in Anlehnung an englische Landsitze entwarf. Schultze-Naumburg gliederte den Baukörper geschickt um mehrere Innenhöfe, so dass dessen wirkliche Größe überspielt wird und er sich harmonisch in das historische Bild des Neuen Gartens einfügt.

Pfaueninsel

Die Pfaueninsel bildet gleichsam eine Erweiterung des Neuen Gartens über das Wasser hin. Sie liegt vier Kilometer entfernt in Sichtweite des Neuen Gartens und hieß ursprünglich Kaninchenwerder. Erst später, als man dort Pfauen ansiedelte, erhielt sie den Namen Pfaueninsel. Friedrich Wilhelm II. wählte die Insel mit ihrer wild-romantischen Einsamkeit oft als Ziel ausgedehnter Bootspartien. Bald reifte der Entschluss zum Erwerb des Eilands. Der König ließ ein kleines, ganz aus Holz gebautes Schloss errichten, dessen eine mittelalterliche Ruine vortäuschende Schaufassade zum Neuen Garten hin ausgerichtet ist. Nur die unmittelbare Umgebung des Schlosses wurde gärtnerisch gestaltet, der mehrere hundert Jahre alte Eichenbestand der Insel blieb unangetastet.

Ihre heutige Erscheinung erhielt die Pfaueninsel unter dem Nachfolger Friedrich Wilhelms II., seinem Sohn Friedrich Wilhelm III. Wieder war es Lenné, der den Auftrag erhielt, die

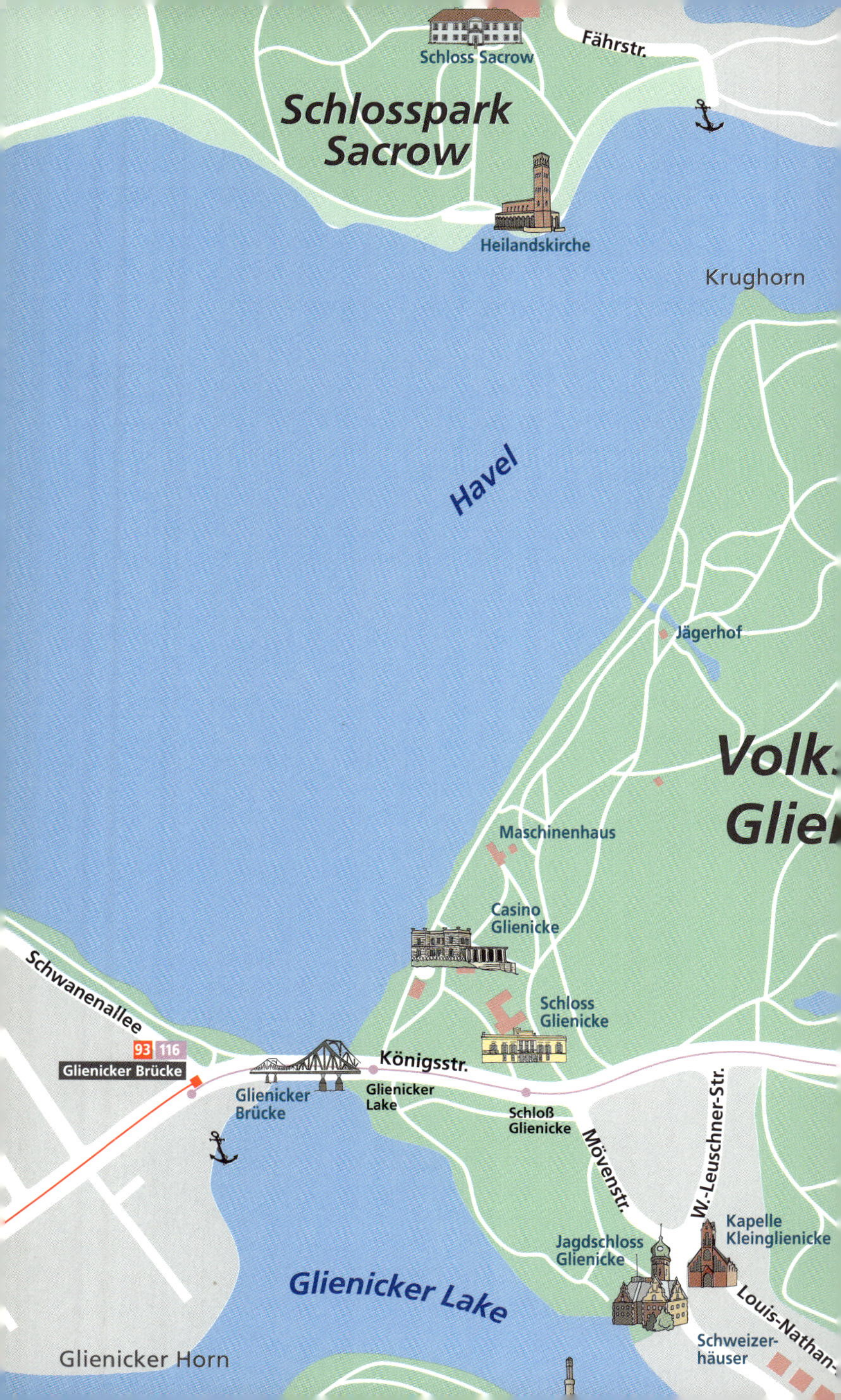

Schloss Sacrow
Fährstr.
Schlosspark Sacrow
Heilandskirche
Krughorn
Havel
Jägerhof
Volk.
Glie
Maschinenhaus
Casino Glienicke
Schloss Glienicke
Schwanenallee
93 116
Glienicker Brücke
Königsstr.
Glienicker Brücke
Glienicker Lake
Schloß Glienicke
Mövenstr.
W.-Leuschner-Str.
Kapelle Kleinglienicke
Jagdschloss Glienicke
Glienicker Lake
Louis-Nathan-
Schweizer-häuser
Glienicker Horn

Appelhorn
Kirche
St. Peter
und Paul
Nikolskoe
Moorlake
Nikolskoer Weg
ark
cke
Königstr.
116
Nikolskoer
Weg
Roedenbecksteig
Am Waldrand
Am Böttcherberg
Tannenstr.
Loggia
Alexandra

Insel zu einem Landschaftsgarten umzugestalten. Auch wurden weitere Architekturen errichtet und in die Bilderfolge des Gartens eingebunden. Lange Sichtverbindungen durchziehen die Insel, um sich weiter in der Havellandschaft zu entfalten. Die Insel entwickelte sich zu einem beliebten Aufenthaltsort der königlichen Familie, die die Gestaltung immer weiter verdichten ließ. Im Ergebnis wirkte die Insel wie ein blumengeschmückter märchenhafter Ort inmitten der Havel. Auch die Haltung exotischer Tiere gehörte zum Bild. Aus der anfänglichen bescheidenen Menagerie entstand bald ein beachtlicher Tierbestand, zu dem u. a. Affen, Kängurus, Schafe, Lamas, Bären, Schweine und Adler gehörten. Die Pfaueninsel avancierte zu einer Sehenswürdigkeit und war zwei Mal in der Woche für die Öffentlichkeit freigegeben. Im Jahr 1842 hatte der Tierbestand einen solchen Umfang erreicht, dass der Großteil davon an den Berliner Zoologischen Garten abgegeben wurde.

Weitere Gebäude wurden errichtet, schon vorhandene bekamen bedeutungsvolle Fassaden vorgeblendet. Friedrich Wilhelm III. wünschte auch die Verschönerung des Hanges längs der Havel gegenüber der Insel. Dort baute man ein russisches Blockhaus, das auf den Namen Nikolskoe getauft wurde. Unweit davon errichtete Friedrich August Stüler die Kirche Sankt Peter und Paul, deren Zwiebelkuppel weit in der Landschaft leuchtet.

Glienicke

Glienicke, gelegen direkt am Ufer der Havel, wo sich der Fluss zur weiten Fläche des Jungfernsees ausweitet, wirkt wie ein italienischer Traum in der märkischen Landschaft. Das heutige Bild dieses Schloss-und-Garten-Ensembles geht zurück auf den Prinzen Carl, der seit 1824 Eigentümer des Anwesens war. Lenné kannte den landschaftlich ideal gelegenen Ort schon von einem früheren Auftrag her, seinem ersten in Potsdam. 1816 hatte ihm der damalige Eigentümer, der preußische Staatskanzler Fürst Hardenberg, die Gestaltung

Glienicke
Casino mit Pergola

des Pleasuregrounds übertragen. Dieser zwischen Schloss und Straße gelegene intensiv gestaltete Gartenraum mit seinen kunstvoll modellierten Rasenflächen, die von elegant geschwungenen Spazierwegen durchzogen sind, wirkt wie ein Gestalt gewordenes künstlerisches Programm. Denn bereits bei der ersten Potsdamer Arbeit ließ Lenné ein tragendes Motiv erkennen, das seine ein halbes Jahrhundert währende Tätigkeit in der preußischen Residenzstadt bestimmen sollte: Immer kam es ihm auf die Schaffung übergreifender Verbindungen herausgehobener Punkte in der Landschaft an, die er durch weit reichende Sichten aufeinander bezog und dadurch zu Teilen eines Ganzen verband.

Sein Auftraggeber nach 1824, Prinz Carl, verfolgte in Glienicke von Anfang an das Ziel der Gestaltung eines großen Landschaftsgartens. Gemeinsam mit seinem Vater, Friedrich

GLIENICKE
Schloss Glienicke mit Löwenfontäne

Wilhelm III., hatte er 1822 eine Italienreise unternommen und war begeistert über die dort erlebte Harmonie von Landschaft, Architektur und Antike nach Preußen zurückgekehrt. Für die baulichen Aufgaben in Glienicke zog der Prinz Schinkel heran und begründete damit die über viele Jahre reichende Zusammenarbeit des Baumeisters mit dem Landschaftsgestalter, bei der sich beide Künstler ideal ergänzten. Schinkel baute das schon von früheren Besitzern errichtete Billardhaus zum Casino und das Herrenhaus zum Schloss um. Der Umbau des alten Billardhauses geriet zu einer wahren Sternstunde, denn das entstandene, durch Pergolen optisch verlängerte Casino liegt als malerischer, weithin sichtbarer Punkt am Ufer der Havel. Umgekehrt bietet sich von seiner Seeterrasse bis heute einer der schönsten Ausblicke in die Havellandschaft. Ähnlich geschickt gestalteten Schinkel und Lenné das Zusammenspiel von Schloss und Garten, die durch vielfältige, ständig überraschend wechselnde Blickbeziehungen miteinander verbunden sind. Lenné hat Glienicke nach der Lehre des klassischen Landschaftsgartens in der Abfolge Blumengarten, Pleasureground, Park gestaltet. Dabei sind die am intensivsten gestalteten Bereiche dem Schloss zugeordnet, um dann allmählich in die größeren Räume des Parks und weiter in die Landschaft überzugehen.

Der Park hatte am Ende eine Ausdehnung von etwas mehr als einhundert Hektar erreicht. In den vom Schloss entfernteren Bereichen betätigte sich Prinz Carl mit nicht ermüdender Energie selbst als Gestalter. Er schuf romantische Parkszenerien, die an Landschaftsgärten in Schottland und Irland erinnern. Zum Bild gehören künstliche Wasserfälle in wilden Schluchten, die von pittoresken Brücken überspannt werden, Granitfindlinge und künstliche Felsgestaltungen. Das Wasser für die Wasserfälle lieferte ein 1837 nach Plänen von Ludwig Persius erbautes Dampfmaschinenhaus mit Wasserturm, mit dem eine weitere Höhendominante mit Fernwirkung entstand. Boten schon die Sichten aus dem Pleasureground wunderbare Blicke auf Potsdam, so erlaubte die Wegeführung im Park am Steilufer der Havel Aussichten zum Neuen Garten, dem Pfingstberg, nach Nedlitz mit dem Kirchberg und zur Heilandskirche in Sacrow.

Babelsberg

Schloss und Park Babelsberg bilden das Gegenstück zur benachbarten Anlage von Glienicke. Wirkt Glienicke südlich-heiter, so gibt sich Babelsberg sehr viel ernster und doch zugleich märchenhaft-romantisch. Beide Anlagen sind »Bruderschlösser«, in Glienicke residierte Prinz Carl, Babelsberg entstand für den älteren Bruder Prinz Wilhelm, den späteren deutschen Kaiser Wilhelm I.

Wieder war es Lenné, der den Erwerb des Höhenzugs am Ufer des Tiefen Sees der Havel anregte. Schon bei seinen Arbeiten in Glienicke war ihm die reizvolle Lage dieses

Berliner Str.
Rubensstr.
93
Glienicker Horn
Mangerstr.
Kleines Schloss
Tiefer See
Gerichtslaube
Matrosenhaus
Flatowturm
Havel
Bismarckbrücke
Park
Babels
Kutscher-
haus
Humboldt-
brücke
Hofgärtnerei
Kindermann-
see
Havelhaus
94 - 95
Zentrum
Ost
Humboldtring/
Nuthestr.
693
Mühlenstr.
Wollestr.
Jutes

Glienicker Lake
Jagdschloss Glienicke
Schweizerhäuser
Louis-Nathan-Str.
Waldmüllerstr.
Wannseestr.
Maschinenhaus
Lankestr.
oss Babelsberg
Wasserstr.
Schloß Babelsberg
Karl-Marx-Str.
Stalin-Villa
Allee nach Glienicke
Achterbecken
Sternwarte
An der Sternwarte
Sternwarte
Siegessäule
Hermann-Maaß-Str.
Glienicker Winkel
Kolonie Freie Scholle
694
Donarstr.
Hoher Weg
erg
Hermann-Maaß-Str.
Allee nach Glienicke
Karl-Liebknecht-Str.
Kolonie Hoffnung
Donarstr.
Bruno-H.-Bürgel-Str.
Filchnerstr.
Behringstr.
Herthastr.
Grenzstr.
Semmelweisstr.
694
Scheffelstr.
Semmelweisstr.
Spindelstr.
Pasteurstr.
Turnstr.
Spindelstr.
Goetheplatz

Geländes aufgefallen. 1833 war es endlich so weit, und der lange zögernde Friedrich Wilhelm III. kaufte das Areal für seinen Sohn Wilhelm zur Gestaltung einer Sommerresidenz. Wilhelm war verheiratet mit der Prinzessin Augusta von Sachsen-Weimar, die eine ausgesprochene Anhängerin des gotischen Stils war. Maßgeblich beeinflusste sie die Planungen für den Schlossbau, die Schinkel übertragen wurden. In Abstimmung mit Lenné wählte der Architekt einen Platz am Nordhang mit Ausblick auf die Havel und zur Glienicker Brücke. Die einmal getroffene Wahl für den englisch-gotischen Stil prägte die Atmosphäre des entstehenden Parks bis in alle Einzelheiten. Lenné entwarf ein großzügiges Wegenetz, das mit den Höhen und Tiefen des Geländes spielte und den Betrachter zu immer wieder neuen und überraschenden Ausblicken führte. Von allen Potsdamer Parkanlagen bietet Babelsberg die größte Fülle an Aussichten auf die Stadt und in die Landschaft.

Zwei Erschwernisse begleiteten Lennés Arbeit von Anfang an: Zum einen ließ die ständige Knappheit der Mittel einen nur langsamen Fortschritt zu, und zum zweiten stand keine ausreichende Bewässerung der Neupflanzungen zur Verfügung. Die Mittel flossen erst 1840 reichlicher, nachdem Wilhelm infolge der kinderlosen Ehe seines Bruders Friedrich Wilhelm IV. zum Prinzen von Preußen avanciert war. Lenné, der nach Meinung seiner Auftraggber nicht sehr erfolgreich agiert hatte, wurden die Arbeiten entzogen und dem Fürsten Hermann von Pückler-Muskau übertragen. Beide Gartenkünstler konnten zwar niemals ebenbürtig sein, Lenné, der Bürgerliche, und Pückler-Muskau, der Mann vom Adel, trotzdem hielt der Fürst sich an die Lennéschen Vorgaben, die er letztlich durch sein Zutun zur Vollendung führte.

Pückler überformte den von Lenné begonnenen Pleasureground, den zum Schloss gehörenden Blumengarten, legte von farbigen Keramiken gerahmte Blumenbeete und elegant geschwungene Spazierwege an. Oberhalb am Hang entstand die Goldene Rosenlaube, die mit weißen und roten Rosen bepflanzt war. Auf der Schlossterrasse vermittelten regelmäßig gestaltete Teppichbeete zwischen Bauwerk und Garten. Sie waren von vergoldeten Eisentauen oder blauen Fassungen aus Majolika gerahmt. Eine andere Terrasse war mit Tierplastiken, chinesischen Gartenstühlen aus Porzellan und einer Vogelvoliere geschmückt. Im Park behielt Pückler die von Lenné geschaffenen Wege bei und legte dazwischen ein raffiniertes Netz schmaler Spazierwege an, von denen sich eine Fülle von Aussichten ergab. Vom Uferweg am Tiefen See erschien in der Ferne die Silhouette von Potsdam mit den Türmen der Garnisonkirche, der Heiligengeistkirche und der dominierenden Kuppel der Nikolaikirche.

In vielen Elementen entspricht der insgesamt 124 Hektar große Park Babelsberg dem Geist des klassischen Landschaftsgartens. Entlang der inneren Parkgrenze umfasst ein Fahrweg, ein so genannter Drive, den gesamten Park. Von ihm zweigen die Spazier- und weiteren Wege in die Tiefen des Parks ab. Die intensivsten gestalteten Gartenräume liegen beim Schloss und werden in den entfernteren Bereichen, wo waldartige Partien und großflächige Wiesen das Bild bestimmen, immer großzügiger. An ungezähten Punkten eröffnen sich weite Sichten durch den Park, die an Bauwerken enden. Häufig wurden für die Architekturen auf Anweisung Wilhelms Zitate des deutschen Mittelalters genutzt. Sie bestimmen ganz wesentlich die Stimmung des Parks. Das Matrosenhaus, in dem der Führer der königlichen Boote wohnte, erhielt eine Nachbildung des Giebels vom Rathaus in Stendal vorgeblendet. Auf einer Anhöhe wurden Teile der in Berlin abgetragenen Gerichtslaube wieder aufgebaut. Vor allem gehört dazu der fast wie ein Wahrzeichen den Park überragende Flatowturm, für den der Eschenheimer Torturm in Frankfurt am Main, ein Bauwerk aus dem frühen 15. Jahrhundert, das Vorbild abgab.

Sacrow

Der Park Sacrow vollendet den aus dem Neuen Garten, der Pfaueninsel, Glienicke und Babelsberg bestehenden Reigen der rings um den Jungfernsee der Havel liegenden

PARK SACROW
Heilandskirche

großen Gärten. Lenné konnte 1842 mit den Arbeiten in diesem Park beginnen, nachdem Friedrich Wilhelm IV. das Anwesen erworben hatte, um es in seine Vision einer übergreifend gestalteten Potsdamer Parklandschaft einzubeziehen. In der Tat liegt Sacrow an exponierter Stelle: Die Aussichten vom fast einen Kilometer langen Spazierweg längs dem Havelufer binden panoramaartig wichtige Punkte der von Lenné geschaffenen Kulturlandschaft zusammen. Je nach Richtung geht der Blick vom Pfingstberg und Neuen Garten, über die Silhouette der Stadt zur Glienicker Brücke und Babelsberg und dann weiter nach Glienicke. Wer sich auf die lange Anfahrt zu Land über Nedlitz und Krampnitz nach Sacrow begibt, ist erstaunt, wie nah dann alles beim Blick übers Wasser erscheint!

Am besten nähert man sich auf dem Wasserweg, z. B. mit der Fähre, denn dann kommt die malerische Landschaftsinszenierung mit der sich in der Havel spiegelnden Heilandskirche zur schönsten Wirkung. Friedrich Wilhelm IV. ließ die Kirche nach eigenen Ideen von Persius erbauen. Der Baukörper wurde ein Stück ins Wasser hineingeschoben, so entsteht fast der Eindruck eines vor Anker liegenden Schiffs. Ursprünglich sollte die Kirche »Das Schiff« heißen, wurde dann aber »Heilandskirche am Port von Sacrow« genannt. Mit Port war eine kleine Bucht gemeint, in der die Havelfischer bei Sturm Schutz suchten. Wie bei der wenig später errichteten Friedenskirche in Sanssouci, stellte Friedrich Wilhelm IV. sich eine Kirche in Gestalt einer frühchristlichen Basilika vor mit einem frei daneben stehenden Glockenturm, einem Campanile nach italienischem Vorbild. Ein rund um den hohen Baukörper des Langhauses geführter Arkadengang lässt die Kirche größer erscheinen und vermittelt gleichzeitig den Eindruck einer dreischiffigen Basilika. Dieser architektonische Kunstgriff steigert die Wirkung des Bauwerks enorm.

Weiter zurückgesetzt im Park liegt das schon von einem der Vorbesitzer des Sacrower Anwesens 1773 errichtete Herrenhaus, das von Lenné durch vier lange Sichtachsen in die Landschaft eingebunden wurde. Eine fünfte, die Mittelachse, führt als schnurgerader Weg zur Havel hin, um dort von einer Exedra, einer Römischen Bank, aufgefangen zu werden. Wie in vielen seiner Gärten bevorzugte Friedrich Wilhelm IV. auch hier einen solchen halbrunden Ruheplatz, um eine besonders schöne Aussicht hervorzuheben.

Heilandskirche Sacrow
Ansicht über die Havel

Park Babelsberg
Blick zum Flatowturm

Holländisches Viertel
Bummeln. Einkaufen. Essen & Trinken

Potsdam-Service

Die Potsdam Tourismus GmbH steht Ihnen als Partner für Ihre Potsdam-Reise zur Verfügung: Auskünfte, individuelle Tages- und Mehrtagesfahrten, Vermittlung von Hotelzimmern und anderen Unterkünften in Potsdam und Umgebung, Stadtrundfahrten, Publikationen und Prospektmaterial (bitte Rückporto beilegen). Über den Kartenservice sind Tickets für eine Vielzahl von Veranstaltungen in Potsdam erhältlich, wie z. B. die Musikfestspiele, die Potsdamer Schlössernacht, die Hofkonzerte im Schlosstheater oder im neuen Nikolaisaal.

Potsdam Tourismus GmbH
Friedrich-Ebert-Str. 5
14467 Potsdam
Tel. 03 31/ 27 55 80, Fax 03 31/ 2 75 58 99
E-Mail: information@potsdam.de, www.potsdam.de

Anreise

Mit dem Auto erreichen Sie die Stadt aus Richtung Westen über die A 2 (Berlin–Hannover), von Süden über die A 9 (Berlin–Nürnberg) und aus Nordwest über die A 24. Die A 11 aus dem Nordosten (Berlin–Stettin), die A 12 aus dem Osten (Berlin–Frankfurt/ Oder) und die A 13 aus dem Südosten (Berlin–Dresden) führen Sie über den Berliner Ring nach Potsdam.

Mit der Bahn ist Potsdam direkt von Köln (Interregio) sowie von Frankfurt/Stuttgart und München mit dem ICE zu erreichen. Über den Bahnhof Zoologischer Garten in Berlin ist Potsdam mit der Regionalbahn in 20 Minuten, mit der S-Bahn in 40 Minuten erreichbar.

Mit dem Flugzeug bieten sich zur Erreichbarkeit der Stadt die beiden Flughäfen Berlin-Tegel und Berlin-Schönefeld an, für kleine Fluggesellschaften auch Berlin-Tempelhof.

Reisezeit

In den Sommermonaten drängen sich, wie fast überall, die Besucher. Um an einer Schlossführung in Sanssouci teilzunehmen, sind oft Wartezeiten erforderlich. Empfehlenswert sind Besuche im späten Frühjahr ab Mitte Mai und im frühen Herbst bis Mitte Oktober.

Unterwegs in Potsdam

Wer Potsdam besucht, sollte möglichst auf sein Auto verzichten. Die meisten Sehenswürdigkeiten sind zu Fuß oder mit dem Rad gut zu erreichen. Mit Straßenbahn und Stadtbuslinien ist die Stadt gut erschlossen und mit der Welcome Card kann man drei Tage Potsdam und Berlin erleben. Dafür erhalten Sie freie Fahrt mit allen Bussen und Bahnen des Verkehrsverbundes Berlin–Brandenburg und viele Rabatte bei touristischen und kulturellen Veranstaltungen.

Stadtbesichtigungen

Durch Potsdam führen Kenner zu Fuß und per Bus. Ein Highlight im Angebot der Potsdam Tourismus GmbH ist die Stadt- und Schlössertour, eine Rundfahrt mit Führung im Schloss Sanssouci. Dienstags bis sonntags (April–Oktober) startet die Tour um 11 Uhr vor dem Filmmuseum. Sie erleben das Gesamtkunstwerk Potsdams mit seinen Schlössern (UNESCO Weltkulturerbe), Gärten und historischen Stadtvierteln.
Die Villen in Babelsberg sind bekannt durch Filmgrößen aus der Zeit der UF. Unter dem Motto »Filmstars, Staatsgrenze und Stalin-Villa – die Villenkolonie Neubabelsberg« führen wir Sie jeden Sonntag um 11 Uhr (Treffpunkt: S-Bahnhof Griebnitzsee) zu den Villen von Muthesius, Mies van der Rohe und Grenander, Residenzen von Truman, Churchill und Stalin sowie auf die Spuren von UFA-Stars, DEFA und einstiger Staatsgrenze.

Der literarische Streifzug durch Potsdam ist eine reizvolle Wanderung durch das alte Potsdam entlang dem Ufer der Havel über die Freundschaftsinsel zum Brauhausberg. Auf heiter nachdenkliche Art und mit so manchem Zitat geschmückt, wird von großen Dichtern, Musikern, Baumeistern und Wissenschaftlern berichtet.

Informationen

Potsdam Tourismus GmbH und bei Exklusiv Tourismus GmbH in der Benkertstraße 17 (im Holländischen Viertel), Tel. 03 31/ 280 06 96, Fax 280 06 97, Ticketverkauf: PI Ticketservice, Brandenburger Straße 18, 14467 Potsdam. Tel. 03 31/ 275 58 87, Fax 03 31/ 275 58 89.
Alle Angaben erfolgen ohne Gewähr und ohne Anspruch auf Vollständigkeit. Die Übersicht ist als Planungshilfe gedacht. Die vorliegenden Veranstaltungsinformationen werden ständig aktualisiert und können auch über das Internet (www.potsdam.de) abgerufen werden.

Ausstellung: Laube – Liebe – Hoffnung

6. April – 8. Oktober 2001
Kleingärten und Lauben in den Gründerjahren, während der Inflation, in Nazideutschland, der Nachkriegszeit, der DDR: Das Filmmuseum Potsdam will seine Besucher in einer repräsentativen, multimedialen Ausstellung durch ein Jahrhundert Kleingartengeschichte in Berlin und Brandenburg geleiten. Die Ausstellung wird von Veranstaltungen und Filmreihen aus Kultur-, Dokumentar- und Spielfilmen im Kino des Museums begleitet. Geöffnet täglich 10–18 Uhr.
Ort: Filmmuseum Potsdam, Marstall, 14467 Potsdam
Veranstalter: Filmmuseum Potsdam

Ausstellung: Fragmente und Dokumentation des Potsdamer Stadtschlosses

25. April – 15. Juli 2001
Die Ausstellung soll einen Überblick über die erhaltenen Originalteile des Bauwerkes und über seine Dokumentation geben. Zu sehen sein werden historische Pläne, Darstellungen, Inventare, Fundstücke aus der Zeit nach dem Bombenangriff. Die Ausstellung wird einen vielfältigen Eindruck geben von der kunstgeschichtlichen Bedeutung des Schlosses.
Ort: Altes Rathaus – Kulturhaus Potsdam,
Am Alten Markt, 14467 Potsdam
Veranstalter: Stiftung Preußische Schlösser und Gärten Berlin-Brandenburg, www.spsg.de

122. Baumblütenfest in Werder

27. April – 6. Mai 2001
Alljährlich zur Baumblüte findet in Werder bei Potsdam ein traditionsreiches Volksfest statt. Die Obstbauern öffnen ihre Höfe für die Besucher.
Ort: Werder/Havel

Potsdamer Hofkonzerte Sanssouci 2001

5. Mai – 26. Dezember 2001
Eine Konzertreihe in historischen Räumen der Potsdamer Schlösser, die sich dem preußischen Erbe und seinen musikgeschichtlichen Traditionen verpflichtet fühlen. Das Repertoire umfasst klassische Konzert-, Schauspiel- und Ballettaufführungen.
Ort: Schlosstheater im Neuen Palais,
Park Sanssouci, 14414 Potsdam
Veranstalter: Konzert- und Künstleragentur B. v. Heidenreich

Caputher Musiken

15. Mai – 13. Oktober 2001
Kammerkunstreihe besonderer Intimität im Schlosshof und der Kirche Caputh sowie im Garten des Einsteinhauses
Ort: Schloss Caputh, Straße der Einheit 2, 14414 Caputh
Veranstalter: Fremdenverkehrsverein Schwielowsee e.V.

Potsdamer Chorfest

12. – 13. Mai 2001
Ort: BUGA-Park im Bornstädter Feld,
Georg-Hermann-Allee, 14469 Potsdam
Veranstalter: BUGA Potsdam 2001 GmbH

Ausstellung: „»...und oft denke ich an Wieringen«

13. Mai – 5. August 2001
Die Ausstellung gibt einen Einblick in das Leben des Kronprinzen Wilhelm während seines Exils im niederländischen Wieringen und dokumentiert seine späteren Besuche in den Jahren 1927 bis 1936.
Ort: Schloss Cecilienhof, Neuer Garten, 14467 Potsdam

Veranstalter: Stiftung Preußische Schlösser und Gärten Berlin-Brandenburg, www.spsg.de

11. Potsdamer Tanztage

19. Mai – 3. Juni 2001
Internationales Festival für zeitgenössischen Tanz mit Aufführungen, Workshops, Konzerten und der traditionellen Contactjam.
Ort: Fabrik, Schiffbauergasse 1, 14467 Potsdam
Veranstalter Fabrik e. V.

3. Potsdamer Jazz Festival

25. Mai – 2. Juni 2001

Ausstellung: »Ein Haus für eine Blume«

27. Mai – 8. Juli 2001
Eine Hommage an die Blumen von Simona Prieß
Ort: Römische Bäder/ Park Sanssouci
Veranstalter: Stiftung Preußische Schlösser und Gärten Berlin-Brandenburg, www.spsg.de

Ausstellung: »Preussisch Blau«

18. Juni – 19. August 2001
Ganz persönliche Sichtweisen auf das Thema vereint die Ausstellung die von der Stiftung Preußische Schlösser und Gärten und dem Brandenburgischen Verband Bildender Künstler vorbereitet wird. Etwa 16 Künstler haben sich auf Spurensuche begeben nach dem, was der Begriff "Preußen" für sie heute darstellt.
Ort: Turmgalerie der Orangerie, Park Sanssouci, 14414 Potsdam
Veranstalter: Stiftung Preußische Schlösser und Gärten Berlin-Brandenburg, www.spsg.de

Internationaler Orgelsommer Potsdam

4. Juli – 19. September 2001
Veranstalter: Friedenskirche

Wasserfest an der Havel

21.– 22. Juli 2001
Veranstalter: BUGA Potsdam 2001 GmbH

3. Potsdamer Schlössernacht

17. – 18. August 2001
Die Potsdamer Schlössernacht ist ein ganz besonderes Ereignis. Die Schauplätze der unvergesslichen Veranstaltungen werden die Potsdamer Parkanlagen sein. Die Schlösser und Gärten Potsdams erstrahlen im Scheinwerfer- und Windlicht. In prachtvoller Kulisse bilden musikalische, szenische und kulinarische Überaschungen einen Augen- und Ohrenschmaus.
Veranstalter: Stiftung Preußische Schlösser und Gärten Berlin-Brandenburg, www.spsg.de

Ausstellung: »Marksteine: Eine Entdeckungsreise durch Brandenburg-Preussen«

18. August – 11. November 2001
Die Reise führt zu frühen mittelalterlichen Siedlungen und Klostergründungen, zu Adelssitzen als Zentren ländlicher Kunst und Kultur des 18. Jahrhunderts. Die Ausstellung erzählt von Ereignissen, deren Spuren noch heute im Land zu finden sind. Preußische Geschichte aus Anlass des Jubiläums "300 Jahre Preußen". Weitere Auskünfte: Sigrid Hoff Tel. 03 31/ 201 39 –44.
Ort: Haus der Brandenburgisch-Preußischen Geschichte, Schloßstr. 1, 14467 Potsdam
Veranstalter: Ministerium f. WFK

Töpfermarkt im Holländischen Viertel

1.– 2. September 2001
Töpferwaren und Handwerkskünste werden aus Werkstätten des Landes Brandenburg angeboten. Urige gastronomische Einrichtungen und geöffnete kleine Läden tragen zum stimmigen Ambiente bei.
Ort: Im Holländischen Viertel
Veranstalter: IG Holländisches Viertel e. V.

Drachenfest

15. – 16. September 2001
Ort: BUGA-Park im Bornstädter Feld,
Georg-Hermann-Allee, 14469 Potsdam
Veranstalter: BUGA Potsdam 2001 GmbH

Fest der Moderne

22. September 2001
Ort: BUGA-Park im Bornstädter Feld,
Georg-Hermann-Allee, 14469 Potsdam,
Veranstalter: BUGA Potsdam 2001 GmbH

Kabarettwoche

23. – 28. Oktober 2001
Ort: Potsdamer Kabarett Obelisk e. V.,Charlottenstr. 31,
14467 Potsdam,
Veranstalter: Satire-Theater Potsdam

Ausstellung: »Bergfilm – Dramen, Tricks und Abenteuer«

1. November 2001 – 30. April 2002
Die große Ausstellung rund um das Thema Hochgebirge und Film ist nach ihrer Premiere in Rosenheim im Filmmuseum Potsdam zu Gast. Der Pionier des deutschen Bergfilms Dr. Arnold Franck begründete mit Filmen wie "Stürme über dem Montblanc" ein völlig neues Filmgenre.
Originalrequisiten – u. a. Ernst Udets legendäres Flugzeug, die Klemm 25A. Filmtechnik, Computerterminals und unzählige Filmausschnitte erzählen von den Strapazen, Tricks und Abenteuern der Filmemacher, die es zu bewältigen galt.
Ort: Filmmuseum Potsdam, Marstall, 14467 Potsdam
Veranstalter: Filmuseum Potsdam

Alt-Potsdamer Weihnachtsmarkt
29. November – 23. Dezember 2001
Weihnachtliches Treiben in der Potsdamer Fußgängerzone.
Ort: Brandenburger Straße, 14467 Potsdam

Achtung
Dies ist nur eine Auswahl der vielfältigen Veranstaltun-gen in Potsdam. Bitte informieren Sie sich vor dem Besuch bei der BUGA oder der Potsdam Information.

Besondere Tipps

Preussen 1701 – Eine Europäische Geschichte
6. Mai – 5. August 2001
Ort: Orangerie Schloss Charlottenburg, Berlin
Veranstalter: Stiftung Preußische Schlösser und Gärten Berlin-Brandenburg, www.spsg.de

Nichts gedeiht ohne Pflege – Die Potsdamer Parklandschaft und ihre Gärtner
20. Mai – 19. August 2001
Ort: Orangerie im Park Sanssouci, Potsdam
Veranstalter: Stiftung Preußische Schlösser und Gärten Berlin-Brandenburg, www.spsg.de

Wo die Zitronen blühen – Orangerien, historische Arbeitsgeräte, Kunst und Kunsthandwerk
8. Juli – 9. September 2001
Ort: Orangerie im Neuen Garten, Potsdam
Veranstalter: Stiftung Preußische Schlösser und Gärten Berlin-Brandenburg, www.spsg.de

Restauranttipps

Potsdam bietet eine Fülle von guten Restaurants. Hier eine kleine (unverbindliche Auswahl) unseres Potsdam-Kenners Bolko Bouché.

Zum fliegenden Holländer *Benkertstr. 5/Ecke Mittelstraße*
Traditionsgaststätte im liebevoll rekonstruierten Holländerhaus. Bereits ab 1869 war hier eine Schankwirtschaft, ab 1881 ein gutes Restaurant. Markenzeichen ist ein Holländerschiff aus bemaltem Stuck an der Fassade. 1996 wurde das Gebäude restauriert. Gemütliche Atmosphäre, deutsche Küche. Besonders empfehlenswert sind die fangfrischen Havelfische. Geöffnet 10–24 Uhr, sonntags 10–22 Uhr. Häufig Klaviermusik, Termine auf Anfrage.

Café Heider *Friedrich-Ebert-Str. 29*
Seit Generationen ein beliebter Treffpunkt, Motto: sehen und gesehen werden. Besonders im Sommer vermittelt der Platz am Nauener Tor mit seinen Gaststätten, Cafés und zahllosen Terrassenplätzen südländisches Lebensgefühl. Café Heider ist dabei die bekannteste Adresse mit einer Caféhaustradition seit 1872, damals gegründet vom Hofkonditor Rabien. Heute bietet es sich auch als Ausgangs- oder Endpunkt für eine Kneipentour durchs Holländer Viertel mit seinen zahlreichen Schänken und Bars. Das »Heider« ist werktags ab 8 Uhr, sonnabends und sonntags ab 9 Uhr geöffnet. Jazzkonzerte immer am letzten Freitag im Monat ab 21 Uhr.

Mövenpick Zur historischen Mühle
Die unmittelbar am Schloss Sanssouci befindliche Gaststätte wurde 1908 auf Anordnung von Kaiser Wilhelm gebaut. Nach denkmalgerechter Sanierung öffnete das traditionsreiche Haus unter der Flagge von Mövenpick und setzt Qualitätsstandards. Die schönsten Plätze finden sich im neu errichteten Palmenhaus. Mit insgesamt 1.000 Plätzen im Restaurant, Tagungsräumen, auf der Terrasse und im Biergarten ist das Restaurant auch auf große Besucherströme eingerichtet.
Geöffnet täglich 8–24 Uhr.

Ristorante zum Starstecher *Leiblstr. 12*

Italienisches Flair bietet der Starstecher. Ausgewählte italienische Küche lässt sich im Restaurant und auf der Terrasse in angenehmer Atmosphäre genießen. Unbedingt zu empfehlen ist der täglich fangfrisch gelieferte Fisch. Bemerkenswert ist das Pasta-Angebot. Spaghetti findet man nicht auf der Speisekarte, dafür aber viele originelle italienische Nudelspezialitäten, die meist auch noch selbst gemacht sind. Geöffnet täglich 12–24 Uhr.

Klosterkeller *Friedrich-Ebert-Str. 94*

1763 wurde an dieser Stelle Potsdams ältestes, durchgehend bewirtschaftetes Gasthaus eröffnet. Das Haus entstand während der 2. Stadterweiterung 1736 auf Weisung des Soldatenkönigs Friedrich Wilhelm I. Schon der erste Besitzer schenkte hier Tischbier aus. Heute bietet der Klosterkeller gutbürgerliche Küche und fühlt sich mit seinem Unterhaltungsprogramm der preußischen Tradition verpflichtet. Tabakskollegien tagen, Friedrichs Tafelrunde tritt zusammen, die Langen Kerls exerzieren und eine Leierkastenfrau tritt auf. Die Veranstaltungen werden auf Bestellung organisiert, außerdem gibt es feste Termine. Information unter www.klosterkeller.potsdam.de. Geöffnet ist täglich 11–24 Uhr.

Gaststätte Katharinenholz *Potsdamer Str. 37*

Beliebte Speisegaststätte im Potsdamer Norden, unweit von Sanssouci, Bornstedter Feldflur und BUGA-Gelände. Schon vor 150 Jahren war das »Gehölz« Anziehungspunkt für Ausflügler aus Potsdam und Berlin. Bald war der Andrang so groß, dass eine geschäftstüchtige Potsdamerin ein Gastronomiezelt eröffnete. Daraus entstand das Katharinenholz, eine bürgerliche Speisegaststätte mit Saal und Terrasse. Auf der Speisekarte finden sich Fisch, Wild und Spezialitäten aus der Region. Das Restaurant ist täglich zwischen 11–24 Uhr geöffnet.

Luise (Restaurant) *Luisenplatz 6*

Ein von früh bis abends gut besuchtes Lokal mit viel Stammpublikum. Internationale Küche mit italienischem Einschlag und preiswerten Angeboten. Empfehlenswert sind hier Meeresfrüchte oder Pasta und zum Kaffee der hausgebackene Kuchen. Zum Restaurant gehört neuerdings eine große Terrasse mit Blick auf das Brandenburger Tor und den neu gestalteten Luisenplatz, der jetzt wieder viel Grün zu bieten hat. Neben dem Nauener Tor hat sich der Luisenplatz in den vergangenen Jahren zu einem weiteren Gastronomie-Schwerpunkt mit Cafés, Gaststätten und Hotellerie entwickelt. Die Luise ist täglich von 10 bis 23 Uhr geöffnet.

Kleines Schloss im Park Babelsberg

In märchenhafter Lage mitten im Park Babelsberg befindet sich das Kleine Schloss, eine angenehme kleine Gaststätte. Von der Terrasse aus bietet sich eine schöne Aussicht auf die Havellandschaft. Das Kleine Schloss wurde im 18. Jahrhundert als einfaches Gärtnerhaus gebaut. Prinzessin von Augusta von Sachsen-Weimar-Eisenach gefiel das Haus. Die Ehefrau von Kaiser Wilhelm I. ließ es darum für ihren Sohn umbauen. Dieser soll hier sehr romantische Flitterwochen verlebt haben. Seit 1950 gibt es eine Gaststätte in dem Gebäude. Das heute hier befindliche Restaurant bietet deutsche Küche mit einer empfehlenswerten Auswahl frischer Fische. Geöffnet dienstags bis sonntags ab 11 Uhr bis zum Einbruch der Dunkelheit.

Juliette *Jägerstraße 39*

Feine französische Küche und ausgezeichneter Service in einem Restaurant der Spitzenklasse. Das Haus ist im Landhausstil ansprechend eingerichtet und wird im Winter mit dem Kamin geheizt. Auch der Weinkeller ist ein angenehmer Aufenthaltsort. Das französische Personal achtet bei der Wahl der Speisen und Getränke auf Qualität und Echtheit. Gelegentlich Chansonabende. Geöffnet ist täglich ab 12 Uhr, Küchenschluss 23 Uhr.

Gleis 6 *Karl-Liebknecht-Straße, Bahnhof Babelsberg*

Die Kneipe befindet sich dort, wo früher einmal die Gepäckaufbewahrung war. Sie strahlt den Charme der alten Reichsbahn aus, was ihrer Beliebtheit keinen Abbruch tut. In den “Abteilen” vom Gleis 6 sitzt man an blanken Holztischen. Sie sind fast immer besetzt, aber es gibt auch noch Stehplätze. Geöffnet ist sonntags bis donnerstags 15 bis 01 Uhr, freitags und sonnabends 15 bis 03 Uhr). Alle zehn Minuten heißt es “Gläser festhalten”, denn dann donnert die S-Bahn über einen hinweg.

Ristorante Villa Kellermann *Mangerstraße 34–35*
Das Gasthaus ist eine erste Adresse für gute italienische Küche in einem gepflegten Ambiente. Das feine italienische Restaurant befindet sich in einer Villa, in der einst Otto Nagel wohnte. Kellermann ist nicht etwa der Besitzer, sondern der ehemalige Vorsitzende des Kulturbundes der DDR. Aus dem Kulturhaus Bernhard Kellermann war nach der Wende schlicht Villa Kellermann geworden. Ein Kuriosum am Rande. Den Gast stört es nicht, er kann hier gut speisen und hat zudem einen phantastischen Blick über den Heiligen See auf das Marmorpalais und den Neuen Garten. Geöffnet dienstags bis sonntags 12–24 Uhr, zusätzlich in der Saison montags 16–24 Uhr. Das Restaurant ist ein beliebter Treffpunkt für Politiker, Geschäftsleute und Künstler.

WISSEN, WAS VOR IHRER TÜR PASSIERT.
DIE BERLINER MORGENPOS
MIT DEM LOKALANZEIGER.
JETZT KOSTENLOS TESTEN.
TELEFON: 0 800/198 2000
Mo. bis Fr. 6 bis 20 Uhr, Sa./So. 6 bis 14 Uh
Zeitung der Deutschen Hauptstadt
BERLINER MORGENPOST
BERLINER ALLGEMEINE
Was ist rot, rund
EINFACH MEHR WISSEN

Zaubergarten
Potsdam
Erzähle es mir, und ich werde es vergessen.
Zeige es mir, und ich werde mich erinnern
Entführe mich, und ich werde verstehen . . .
Kolibri
Eröffnung September 2002

Schloß Luisium

Dessau-Wörlitzer Gartenreich

Weitere Informationen über das Dessau-Wörlitzer Gartenreich:
Kulturstiftung DessauWörlitz, Schloss Großkühnau, 06846 Dessau
Telefon: +49 (0340) 6 46 15-0 · Telefax: +49 (0340) 6 46 15-10
www.ksdw.de · E-mail: KsDW@t-online.de

Unser Dank geht an alle Autoren, die uns mit Rat und Tat und Engagement unterstützt haben.

Prof. Dr. Michael Seiler

Gartendirektor der Stiftung Preußische Schlösser und Gärten Berlin-Brandenburg

Thies Schröder

Studium der Landschaftsplanung.
Seit 1989 als Autor und Journalist tätig. U. a. als Redakteur der Zeitschriften Forum ökologischer Stadtumbau (1989–92), Stadtforum-Journal (1992–95) und für Garten+Landschaft.
Seit 1999 leitet Schröder das Redaktionsbüro ts redaktion, das unter anderem et – Magazin der Regionen gemeinsam mit dem L&H Verlag herausgibt. Zahlreiche Zeitschriften- und Buchveröffentlichungen.

Bolko Bouché

Freier Journalist und Inhaber einer Agentur für Presse- und Öffentlichkeitsarbeit. Im Auftrag des Sanierungsträgers Potsdam wirkt er bei der Gestaltung von Ausstellungen und Publikationen mit.

Diethild Kornhardt

Dipl.-Ing. Landschaftsplanung, 1988–89 gutachterliche Tätigkeiten für die Senatsverwaltung Stadtentwicklung, Berlin. 1989–94 Landschaftsplanerin in der Freien Planungsgruppe Berlin. Seit 1995 angestellt beim Entwicklungsträger Bornstedter Feld GmbH. Zuständig für die Gesamtkoordination der Projekte BUGA-Park und BUGA-Kulisse Feldflur.

Martin Heisig

Gartenarchitekt, FPB Freie Planungsgruppe Berlin. Heisig restaurierte in den vergangenen Jahren den Foerster-Garten.

Jörg Näthe

Gärtner, seit 30 Jahren auf der Freundschaftsinsel, seit 1981 verantwortlich für dieses Kleinod der Potsdamer Gartenlandschaft.

Gert Streidt

Gert Streidt, geb. 1954, studierte Philosophie, Ästhetik und Kunstgeschichte an der Berliner Humboldt-Universität, arbeitet seit 1978 als Museumspädagoge, Pressereferent und Ausstellungsmacher in Potsdam-Sanssouci, Veröffentlichungen zur Kultur und Geschichte Preußens.

Herta Simon

Diplom-Gärtnerin. Mitarbeiterin der BUGA Potsdam 2001 und mehrerer Bundesgartenschauen.

Jochen Sandner

Geschäftsführer der
Bundesgartenschau Potsdam 2001 GmbH

Dr. Sigrid Sommer

Pressesprecherin der Bundesgartenschau
Potsdam 2001 GmbH

Fotonachweis

A. Felbinger, Leinfelden-Echterdingen (Motiv Mohnblume)
Dr. Konrad Näser (Seiten 175 und 185)
Freundschaftsinsel/ Postkarte,
aus Sammlung Heinrich, Potsdam (Seite 188)
Stiftung Preussische Schlösser und Gärten
Berlin-Brandenburg/ Klaus Frahm
(alle Fotos aus PROLOG und DIE POTSDAMER GARTENLANDSCHAFT)
Stiftung Preussische Schlösser und Gärten
Berlin-Brandenburg, Verschönerungsplan (Seite 214)
Ulf Böttcher, Potsdam (Seite 192, 217, 223 und 234)
Michael Seiler (Seite 19 und 23)
Luftbild, Entwicklungsträger Bornstedter Feld (Seite 52)
Roland Handrick (Seite 221)
BUGA Potsdam 2001/ Ulf Böttcher (alle weiteren Fotos)

Liniennetz Stadtverkehr
Potsdam

Partner im: VBB

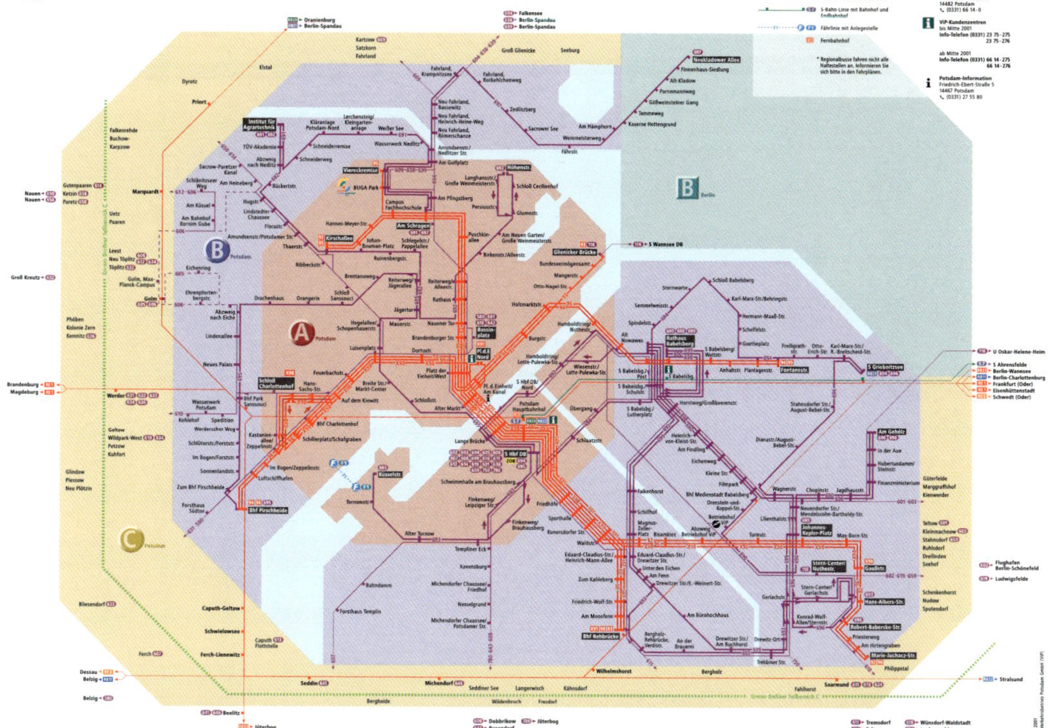

Legende

- Straßenbahnlinie mit Haltestelle, Haltestelle nur in Pfeilrichtung und Endhaltestelle
- Buslinie mit Haltestelle, Haltestelle nur in Pfeilrichtung und Endhaltestelle
- Regional-Buslinie mit Haltestelle, Haltestelle nur in Pfeilrichtung und Endhaltestelle*
- Linie des Regionalverkehrs mit Bahnhof und Endbahnhof
- S-Bahn-Linie mit Bahnhof und Endbahnhof
- Fährlinie mit Anlegestelle
- Fernbahnhof

* Regionalbusse fahren nicht alle Haltestellen an. Informieren Sie sich bitte in den Fahrplänen.

Information

Verkehrsverbund Berlin-Brandenburg GmbH
Hardenbergplatz 2, 10623 Berlin
(030) 25 41 41 41

ViP Verkehrsbetrieb Potsdam GmbH
bis Mitte 2001
Holzmarktstraße 6-7
14467 Potsdam
(0331) 23 75-0

ab Mitte 2001
Fritz-Zubeil-Straße 96
14482 Potsdam
(0331) 66 14-0

ViP-Kundenzentren
bis Mitte 2001
Info-Telefon (0331) 23 75-275
23 75-276

ab Mitte 2001
Info-Telefon (0331) 66 14-275
66 14-276

Potsdam-Information
Friedrich-Ebert-Straße 5
14467 Potsdam
(0331) 27 55 80

Diese Landschaftsarchitekten sind Gewinner der BUGA-Wettbewerbe

Wettbewerbsentwurf BUGA-Park Großer und Kleiner Wiesenpark Parkfinger Latz und Partner GbR Potsdam/Kranzberg, Parkfenster Ariane Röntz Berlin, Wasserspielplatz Spielwall Andrea Schirmer Berlin, In den Wällen Sommerlad Haase Kuhli Potsdam/Gießen, Remisenpark AG Freiraum/ Pit Müller Freiburg, Waldpark Bureau B+B BV Amsterdam, Café am Spielwall Gnädinger Architekten Berlin, Gartensituationen Isterling und Partner Hamburg, Grundstruktur der temporären Ausstellungsflächen, Gartensituationen, Gartenbau in Brandenburg, Nachwachsende Rohstoffe Burger + Tischer Berlin, Rosenband, Rhododendronhain, Gehölzbilder Bruno Leipacher Wuppertal, Rosenband, Rhododendronhain, Gehölzbilder Kirk + Specht Berlin, Prachtstauden, Staudenbühnen, Pyramidengärten Christine Orel Aurachtal, Prachtstauden, Staudenbühnen, Pyramidengärten Christian Meyer Berlin, Wechselflor, Eingangsbereiche Heinz H. Eckebrecht Kelkheim, Grabbepflanzung und Grabmal, Gastronomiestandorte, Gesundheitsgarten, Naturgarten, Kleingärten, Gärtner- u. Bauernmarkt Achim Röthig Haan, Grabbepflanzung und Grabmal, Gastronomie-standorte, Gärtner- u. Bauernmarkt Wittling +Benninghoff Berlin, Gesundheitsgarten, Naturgarten, Kleingärten Förder und Demmer Essen, Pflanzbar (DGGL-Wettbewerb "Ulrich-Wolf" Saara Hanke/Marek Jahnke Berlin, Lehrbaustelle des Fachverbandes GaLaBau Susanne Pfannenstiel/Florian Otto Gütersfelde, Umfeld Biosphäre, Kleingarten-anlage in der Feldflur Büro Kiefer Berlin, Rahmenplanung BUGA-Park Gruppe F Berlin, Hallenschauplanung in der Biosphäre Martin Diekmann Hannover, Biosphäre Barkow Leibinger Berlin, Brücken im Wallkreuz, Parkdach Prof. Dietrich/Fritzen/Löf Köln, Terminals Waldpark Boss & Frey Berlin, Parktor Levin Monsigny Berlin, Kassenpavillon Prof. Ludger Brands/Daniela Hinz, Gärtner- und Bauernmarkt Walter Buchholz Potsdam, Gartendenkmalpflegerische Wiederherstellung der Freundschaftsinsel Topos Berlin, Alte Fahrt/Freianlagen Adam + Partner Potsdam, Alte Fahrt/ Brücken Verkehrs- u. Ingenieurbau Consult GmbH (VIC) Potsdam, Nuthepark/Freianlagen Neue Fahrt Fugmann Janotta, Berlin, Nuthepark/Brückenbau Planungsgemeinschaft Prof. Siegfried Ast Prof. Ludwig Obermeyer Berlin, Potsdam,
Platz der Einheit WES & Partner Hamburg,
Lustgarten Dietz – Joppien Potsdam, Hegelpromenade, Stadtkanal Gruppe Planwerk Berlin, Gartendenkmalpflegerische Wiederherstellung Karl-Foerster-Garten Martin Heisig, Berlin

Impressum

Herausgegeben mit Unterstützung der
Bundesgartenschau Potsdam 2001 GmbH

Deichstraße 27, D-20459 Hamburg
Telefon 040/ 32 08 68 92
Fax 040/ 32 08 68 94
ISDN 040/ 37 50 12 14
E-Mail kultur@lh-verlag.de
www.lh-verlag.de

Idee, Konzept Wolfgang Henkel, *L&H Verlag, Hamburg*
Redaktion
Wolfgang Henkel, Inken Broocks M.A., *beide L&H Verlag, Hamburg*
Redaktionelle Beratung
Dr. Sigrid Sommer, *BUGA 2001 Potsdam*
Schlussredaktion
Jochen Sandner, Sigrid Sommer und Wolfgang Henkel
Autoren siehe Seite 272
Fotos siehe Seite 273
Karten *L&H Verlag, Hamburg/Kontur, Berlin*
Gestaltung *L&H Verlag, Hamburg* und Elke Hartl, *Hamburg*
Satz *L&H Verlag, Hamburg*
Litho *NovaConcept, Berlin*
Produktion *Heenemann, Berlin*

Umschlagfotos: Titel (oben) Restaurierte Pergola im Freundschaftsgarten, (unten links) Sizilianischer Garten/ Sanssouci, Langer Garten/ BUGA-Park. Rücktitel: Roter Sonnenhut, Bronzeplastik/ Freundschaftsinsel, Platz der Einheit, Feldflur. *Fotos Ulf Böttcher*

Landschaftsarchitekten: siehe Seite 275

Die Deutsche Bibliothek – CIP-Einheitsaufnahme
Potsdam Grün: Gartenkunst zwischen gestern und morgen/
Texte von Michael Seiler....Hamburg: L-und-H-Verl., 2001
ISBN 3-928119-64-8

Gärten und Parks in Sachsen

Von Bernd Wähner

ISBN 3-928119-26-5

DM 24,80/ € 12,68

Das Gartenreich Dessau-Wörlitz

UNESCO WELTERBE

Von Thomas Weiss,
Kulturstiftung DessauWörlitz

ISBN 3-928119-61-3

DM 19,80/ € 10,12

Hamburg Grün
Die Gärten und Parks der Stadt

Von Axel Iwohn, Martina Nath-Esser,
Claudia Wollkopf

ISBN 3-928119-39-7

DM 34,80/ € 17,79

Berlin Grün
Die historischen Gärten und Parks

Von Anke Kuhbier, Klaus von Krosigk
und Reiner Elwers
Herausg. Landesdenkmalamt Berlin

ISBN 3-928119-51-6

DM 29,80/ € 15,24

Potsdam Grün
Gartenkunst zwischen gestern und morgen

ISBN 3-928119-64-8

DM 19,80/ € 10,12

Ein Garten der Erinnerung – Leben und Wirken von Karl Foerster

Von Eva Foerster und Gerhard Rostin
Vorwort Harri Günther

ISBN 3-928119-65-6

DM 39,80/ € 20,35

Paretz
Göttin-
see
Sacrow-Paretzer-Kanal
Marquardt
Schlänitz-
see
hergow
Leest
Grube
Wublitz
Töplitz
Nattwerder
Kl. Zernsee
Phöben
10
Kemnitz
Gr.
Zernsee
Golm
Derwitz
Golm
Werder/H
Plessow
Werder (Havel)
Gr.
Plessower
See
Havel
Plötzin
Glindowsee
Glindow
Caputh-
Geltow
Petzow
Capu
Bliesendorf
Schwielow-
see
Löcknitz
Schwielow-
see
Ferch
10
Ferch-Lienewitz